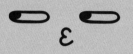

## 매일 세 줄 글쓰기

**3판 1쇄 발행** 2023년 10월 30일

**지은이** 김남영
**발행인** 조상현
**편집인** 김주연
**마케팅** 조정빈
**디자인** Design IF
**펴낸곳** 더디퍼런스

**등록번호** 제 2018-000177 호
**주소** 경기도 고양시 덕양구 큰골길 33-170(오금동)
**문의** 02-712-7927
**팩스** 02-6974-1237
**이메일** thedibooks@naver.com
**홈페이지** www.thedifference.co.kr

ISBN 979-11-6125-428-9(03190)

Daily
Series

03

# 매일 세 줄 글쓰기

김남영 지음

**유치해도 괜찮아!**

더디퍼런스

# 글에 대한 고정관념을 버리고

글을 오래 쓰다 보면 가장 많이 받는 질문이, "어떻게 글을 써?"라는 질문입니다. 그럼 언제나 저는 이렇게 대답하죠. "생각나는 대로 써!"

누군가는 굉장히 무책임한 발언이라고 생각할 수 있지만 사실입니다! '글'이라는 이미지를 떠올렸을 때 대개 사람들은 '책을 많이 읽은 사람, 어렵고 복잡한, 많은 생각을 해야 하는, 지식이 풍부한 사람들만 할 수 있는'이란 수식어들을 우수수 떠올립니다. 아무것도 없는 백지에 혼자 무언가를 시작해야 한다는 걸 두려워하기도 하죠. 이 책은 가장 짧은 글쓰기를 시작으로 '글'에 한층 더 가까워질 수 있는 밑받침이 될 것입니다. 모든 글이 어려운 게 아니라는 점, 누구나 글을 쓸 수 있다는 점을 깨우치도록 옆에서 도와주고, 어렵게만 생각했던 글을 쉽고 재미있게 배울 수 있도록 하는 것을 목표로 하고 있습니다.

생각보다 글을 써 보고 싶어 하는 사람들이 많은데 '글'이라는 분야 자체를 어렵게 접근하는 분들이 많습니다. 그래서 '좀 더 획기적으로 쉽게 글쓰기를 알려주는 책이 나오면 어떨까?'라는 생각의 발단, 그게 바로 이 책의 시작이 었습니다. 그 후로 독학으로 터득했던 노하우를 하나씩 적어 나갔죠.

우리는 이미 프로필 대화명, SNS, 블로그, 댓글, 영화나 도서 리뷰 등 이미 많은 글과 닿아 있습니다. 생각보다 많은 글에 노출되어 있죠. 카카오톡 배경, 카카오스토리 프로필 사진, 페이스북 커버 사진 등 한때는 이름시가 유행해 SNS에 너도나도 이름시 올리기에 열을 냈던 적도 있습니다. 스마트폰으로 확 뜬 웹툰과 웹소설, 책을 원작으로 한 드라마나 영화 같은 콘텐츠가 많아지면서 작가에 대한 관심도 급격이 높아졌습니다. 그러다 보니 자연스레 글쓰기에 관심을 갖는 사람 역시 늘어났고요.

저는 많은 사람들이 '글자로 만든 세계'에 더욱 빠질 거라고 믿습니다. 간단명료한 글로 인해 어렵게만 여기던 글을 친숙하게 느끼기 시작했다는 건 좋은 현상이죠. 짧은 글을 시작으로 점점 글의 매력에 빠지게 된다면 그것보다 자연스러운 진입로는 없을 거예요.

이 책은 단기적으로 글쓰기 실력을 향상할 수 있는 기본적인 방법들을 다루며 실전까지 이어갈 수 있도록 돕고 있습니다. 물론 단기간이라고 해서 돌연 실력이 훅 뛰는 기적은 없을 거예요. 다만 독학보다 빠르게, 또 쉽게 익히는 글의 기술이라고 장담합니다. 바쁜 우리에겐 시간이 많지 않죠! 책을 많이 읽기에도, 당장 여러 습작을 해 보기도 어렵습니다. 글에도 기술이 필요합니다. 짧은 글은 특히 더 그렇고요. 보기엔 쉬워 보이는데 막상 쓰려고 하면 어렵잖아요. 큰 미사여구가 있지 않아도 마음을 훅 울리는 글은 어떻게 쓰는 것일까요? 일반적으로 긴 글이 더 어렵다고 생각할 수 있는데 제 생각은 반대입니다. 오히려 구구절절한 글은 생각대로 쭉 쓰면 되지만, 단 두 문장으로 누군가의 마음을 단숨에 사로잡기란 결코 쉬운 일이 아니죠. 뭐든 공짜로 얻어지는 건 없습니다. 시키는 건 모두 다 할 것! 준비 되셨나요? 책을 '제대로 정독'해 주신다면 저는 여러분들께 "글 좀 쓴다!"라고 말할 수 있는 자신감을 드릴게요.

글은 누구보다도 주관적이고, 또 다양한 분야를 가지고 있기에 어떤 사람도 내 글을 평가할 수 없습니다. 어렵게 쓰인 글도, 쉽게 쓰인 글도 글이며, 긴 글은 무게 있는 글이고 짧은 글이라고 가벼운 글이 아닙니다. 글에는 어떤 기준도 없다는 뜻이죠!
마지막으로 글을 쓰기 전, 나를 '완전한 백지'로 만드세요. 알고 있던 지식이 오히려 방해될 수 있습니다. 자, 그럼 처음 배운다는 마음가짐으로 시작해 봐요!

# 이 책은 어떤 사람에게 필요한가?

**이런 사람! 2**

SNS에
오글거리지 않게
내 마음을
표현하고 싶어요!

**이런 사람! 1**

한 장짜리 편지를
쓰는데도 너무 힘들어요
ㅠㅠ

**이런 사람! 3**

여행 or 먹방 사진 아래
간단하고 임팩트 있는
글귀 하나쯤은 남기고 싶어요!

**이런 사람! 4**

영화 or 연극 or 도서처럼
문화생활 후 나만의
리뷰를 남기고 싶어요!

# 이 책은 어떻게 사용하는가?

### Point 1

임팩트 있는 작가의 짧은 글 '예시'!

**무릎을 탁!** 치게 만드는 공감 가는 작가의 글을 읽고,
본격적인 글쓰기 감 익히기!

### Point 2

'오늘의 글쓰기 수업!' 친구에게 설명하듯 귀에 쏙쏙 들어오는 쉬운 설명!

**그래서 무슨 말이라는 거야?**

대충 이해는 되는데, 막상 쓰려니 또 답답한 분들을 위해
'설명+예시'까지 친절한 글쓰기 참고서!

### Point 3

'매일 세 줄' 단원마다 '핵심 요약'과 '연습'이 동시에!

**책 한 권으로 끝낸다!**

매일 짧은 글쓰기를 연습할 수 있도록 단원마다
핵심 요약과 '매일 세 줄' 써 보기까지!

### Point 4

파트마다 들어 있는 '실생활 활용법'!

**꿀팁에서 끝나지 않는다!**

파트마다 어떻게 활용할 것인가에 대해서
일기, 인사말, SNS 글, 리뷰 등 분야별로 하나씩 다루고 있어,
글쓰기 초보자도 일상에서 바로 활용해 보기!

**PART 3**

## 실전! 짧은 글쓰기의 기술

**PART**

**1**

# 겁내지 마, 별거 아니야!

# 1장 매일 글감 찾기

## 이걸로 글을 쓴다고?

헉, 어쩌지..
계속 누워만 있었는데..

"뭘 써야 할지 모르겠어요." 글을 접해 보지 않은 사람들의 첫 번째 고민입니다. 글을 쓰기 위해선 '쓸 거리'가 있어야겠죠? 사실 글감은 우리 주변에 널려 있어요. 일상에서 글감을 찾는 건 의외로 간단합니다! 이번 장에선 글감 찾는 방법을 살짝 훑어볼게요.

## 소재는 널렸다

글의 처음이 글감 찾는 데서 시작하듯 이 책에서도 역시 글감을 먼저 찾아볼게요. 지금 당장 보이는 사물들만 10초간 공책에 나열하여 적어 보세요.

컴퓨터, 스탠드, 연필, 형광펜, 메모지, 지우개, 커피, 필통, 빗, 립스틱, 휴지, 머그잔, 가방

당장 내 옆에 보이는 것만 10초간 여유롭게 적어도 이렇듯 많네요. 이번에는 생각나는 감정을 서술어로 30초간 써 볼까요?

화목했다, 신 났다, 따분했다, 긴장했다, 화났다, 침울했다, 먹먹했다, 행복했다

다양한 감정이 안 떠오를 땐 일과를 간단하게 정리해 보거나, 드라마나 영화 같은 영상을 통해 느껴지는 감정들을 적어 보세요. 그 다음엔 쉽게 구한 글감을 보고 떠오르는 생각을 써 볼 거예요. 이번엔 시간을 1분으로 설정해 놓고 써 보도록 할게요.

사물은 10초, 감정은 30초, 글감에 관한 생각 정리는 1분입니다. 천천히 생각하면 더 깊이 있는 뭔가가 나올 것 같지만, '좋은 글'이 반드시 시간에 비례하진 않습니다. 글을 쓰다 보면 고뇌해서 나오는 소재보다 스쳐 가

듯 떠오른 소재가 잘 써지는 경우가 많으니까요.

1분이라는 제한 시간이 있지만 떠오르는 게 많다면 시간을 더 늘려도 괜찮아요. 그래도 5분을 넘기진 마세요. 억지로 떠올리는 글감으론 좋은 글이 나오기 어렵답니다.

'글감에 관한 생각'으로는 모두가 알고 있는 기본 상식, 속성, 특이사항 등 무엇을 써도 상관없습니다. 사소한 것일수록 기록해 두는 게 좋습니다. 머릿속을 스쳐 가는 모든 걸 적는다는 느낌으로 사소한 것부터 큼직한 것까지 마음껏 적어 봐요.

| | |
|---|---|
| 컴퓨터 | 세상의 정보를 가지고 있다, 나중에 어떻게 발전될지 모른다 |
| 형광펜 | 중요한 것을 표시할 때 쓰인다, 색이 다양하다, 공부할 때 많이 찾는다 |
| 메모지 | 추가 메모를 위해 필요하다, 색이 다양하다, 공부할 때 주로 쓴다 |
| 구강 청결제 | 입을 헹군다, 입 냄새날 때 사용한다, 휴대용으로 많이 가지고 다닌다 |
| 립스틱 | 입술에 생기를 불어넣어 준다, 색이 다양하기보단 분홍, 빨강, 오렌지 계열만 미세한 차이의 색이 다양하다, 수분 정도에 따라도 나뉜다, 농도 수준이 미세하게 다양하다 |

이번엔 감정에 대한 생각을 같은 방법으로 적어 볼게요.

| 화목하다 | 가족, 친목, 화기애애, 돈독한, 화합이 잘 되는, 웃고 떠드는 분위기 |
| --- | --- |
| 긴장하다 | 손에 땀을 쥔다, 식은땀, 얼굴이 달아오른다, 말을 더듬는다, 당황한다, 어쩔 줄 모른다 |
| 화났다 | 소리 지르거나 참는다, 꾸짖는다, 주먹을 휘두를 수 있다, 목청이 커진다 |
| 침울하다 | 기분이 가라앉았다, 울적하다, 건드리면 울 것 같다, 말이 없다 |
| 행복하다 | 웃는다, 벅차오른다, 울 수도 있다, 의외로 소소한 데서 찾을 수 있다 |

여기까지 했으면 일상에서 글감 찾는 일은 다했습니다. 이 글감을 어떻게 발전시킬지 앞으로 차근차근 보여드릴게요.

## 0
## 1

**다음 10개 단어의 특성을 써 보세요.**

커피, 우유, 책상, 의자, 시계, 거울, 필통, 연필, 소파, 옷장

## 단어 공통점 찾기

글감에 대한 생각을 쓰다 보니 겹치는 속성들이 몇 가지 보이지 않나요? 이번엔 비슷한 것들을 묶어 공통점을 적어 봐요.

형광펜과 메모지　　강조할 때 쓰인다, 기존 어떤 글에 추가 표시를 위해 쓰인다, 공부할 때 많이 쓴다, 색이 다양하다

커피와 구강 청결제　입으로 들어간다, 졸릴 때 찾는다, 액체다, 색이 있다

긴장한 것과 화난 것　부정적인 감정, 손에 땀을 쥔다, 인상을 찌푸린다, 얼굴이 빨개진다, 남의 말을 잘 듣지 못한다

공통점을 찾다 보면 전혀 다른 두 가지 속성이 한눈에 보이는 것은 물론, 다른 두 가지가 주는 공통적인 부분을 하나의 주제로 만들어 볼 수 있어요.

# 0
# 1

커피와 우유의 공통점을 찾아보세요.

# 0
# 2

책상과 의자의 공통점을 찾아보세요.

## 단어 차이점 찾기

이번엔 서로 다른 글감을 묶어 볼게요. 미묘하게 다른 것도, 완전히 정반대인 것도 상관없습니다. 서로 다른 글감을 묶어 보면 차이점이 분명하게 보일 거예요.

형광펜과 메모지　직접 강조하는 것과 덧붙임으로써 강조하는 것, 모양이 일정한 것과 다양한 모양을 가진 것

커피와 구강 청결제　입 냄새를 나게 하는 것과 입 냄새를 없애는 것, 마실 수 있는 것과 마실 수 없는 것, 텁텁한 것과 상쾌한 입안의 느낌 차이

긴장한 것과 화난 것　상대를 두려워하는 감정과 상대가 순간 미워지는 감정, 말을 쭈뼛거리는 것과 말을 빠르게 하는 것, 목소리가 줄어드는 것과 목소리가 커지는 것

단어가 주는 생각을 무작위로 적고, 단순한 생각을 분류해 보세요. 그게 바로 일상에서 글감 찾기랍니다. 이런 걸 누가 못하냐고요? 누구나 할 수 있으나, 누구도 해 보지 않는 작업입니다. 무척 쉽지만 꾸준히 실천하기 어렵다는 뜻이죠.

# 0
# 1

커피와 우유의 차이점을 찾아보세요.

# 0
# 2

책상과 의자의 차이점을 찾아보세요.

# 2장

## 물음표 활용법

### 물음표, 너 뭐야?

다섯 살 이후
'왜'라는 단어가 어색한
건 나뿐이야?

글쓰기에서 "왜?"라는 질문이 얼마나 중요한지 아시나요? '왜'는 우리에게 글감은 물론 스토리도 주고 글에서 범할 수 있는 오류들을 막아 주기도 한답니다. 어떻게 그럴 수 있는지 이 장에서 살펴볼게요. 다양한 글을 쓰고 싶다면 항상 '왜'라는 질문을 던져 봐요!

## 의문 갖기

곁에 있던 '당연한 것'부터 의문을 가져 봐요. 예를 들면 이렇습니다.

나무 볏짚은 왜 필요한가, 통신망은 어떻게 이렇게 빨라질 수 있었나, 링거를 맞으면 감기가 빨리 나을까, 터널은 어떤 순서로 만드는가, 물 위의 다리는 어떻게 세워지는가

어떤 의문이든 좋습니다. 일상에서 찾을 수 있는 모든 꺼리는 소재가 될 수 있으니까요. 의문을 가지면 해답을 찾아야 하고, 해답을 찾는 과정에서 글은 모습이 갖춰집니다.
자 이렇게 질문을 던졌어요. 그리고 의문의 답을 찾아봅니다.

✘ 잠복소(겨울에 나무를 감싸는 볏짚)는 왜 필요한가?
나무 틈서리 대신 볏짚 사이로 추운 해충들이 모여들도록 두는 것이며, 봄이 되면 볏짚을 태우며 해충들을 쉽게 죽일 수 있기 때문이다. 또 수목에 따라 동사를 방지할 보온의 목적도 있다.

누구나 한 번쯤 가질 법한 의문이지만, 대부분 제대로 답을 찾지 않고 넘어가는 경우가 많죠. 생각보다 많은 사람들이 '기본'을 간과하고 넘어가는 경향이 있습니다. 일반 상식만으로도 충분히 글감을 찾아 낼 수 있는데 말이죠.
그럼 이번에는 예시의 답변에서 얻은 내용의 특징들을 적어 볼게요.

나무를 감싼 볏짚은 겨울에 필요하다, 해로운 것을 모아 주고 대신 해로워진다, 해로운 것과 함께 타 버린다, 나무를 위해 희생한다, 봄과 함께 필요 없어진다

정리한 문장 중 [봄과 함께 없어진다]를 활용하면 '겨울에만 찾는 볏짚'이 될 수 있겠네요. 이제 의미를 확대해 볼게요. '겨울만 찾는 볏짚'은 '필요할 때만 찾는 인간'에 빗댈 수 있어요. 또는 해충을 모았다가 봄과 함께 타 버리는 볏짚을 '인간의 희생'과 연관 지어 글을 써 볼 수 있죠. 글을 쓸 때 남들이 쉽게 지나칠 만한 걸 잡아내는 것도 중요해요.

# 0
# 1

**주변 사물 중 하나에 의문을 갖고 그 의문의 답을 찾아보세요.**

예 왜 공중전화 박스 아래에 자동심장충격기가 있을까.(의문)

공중전화는 기간통신사업자의 서비스로 제공의 의무가 있어 함부로 없앨 수 없는데,

그래서 이젠 쓰지 않는 공중전화 박스를 자동심장충격기 보관소로 사용하고 있다.(답변)

# 0
# 2

**답변에서 얻을 수 있는 특징을 각각 정리해 보세요.**

예 자주 쓰지 않는 공간을 다양하게 활용한다, 발전을 위해 새로운 시도를 하고 있다

# 0
# 3

**정리한 특징의 의미를 확대해 보세요.**

예 피할 수 없으면 즐겨라. 끊임없이 도전하라

## 꼬리 물기

물음표 활용의 꽃인 '꼬리 물기'를 해 볼게요. 가진 의문에 꼬리 물기를 더하면 생각의 폭은 당연히 넓어집니다. [겨울에 나무 볏짚은 왜 필요한가?]에서 나온 답변으로 아래와 같이 파생된 꼬리 질문을 해 볼 수 있어요.

볏짚은 추운 겨울 해충들의 보금자리이다. (답변)
→ 그래서 나무에 볏짚을 감는 것을 '월동 준비'라고 한다. (파생된 생각)
　　모든 나무가 월동 준비를 할까? (꼬리 질문)
→ 동해에 강한 나무들은 하지 않기도 하고, 중간쯤만 감기도 한다. (답변)
→ 그럼, 중간 언저리만 감는 나무와 전체를 감아올린 나무 차이점은 뭘까? (꼬리 질문)
→ 겨울에 강한 나무들은 오로지 해충을 제거할 목적으로만 볏짚을 이용하지만, 전체를 감싼 볏짚 나무는 수분 부족 현상과 갈라짐 현상을 막아 주는 등 다른 장점도 있다. (답변)
→ 볏짚으로 수분 부족, 갈라짐 현상을 완전히 막을 수 있는가? (꼬리 질문)

흔히 쓰는 '꼬투리를 잡는다.'라는 말을 떠올리면 이해하기 쉽습니다. 어떤 답이 주어졌을 때 답변에 관한 꼬리 물기를 하며 질문 세례를 펼쳐 보세요. 스스로 질의응답을 하다 보면 생각의 폭이 점점 더 넓어지는 걸 느낄 수 있을 거예요.

## 0
## 1

**위에서 얻은 두 가지 답변에 각각 꼬리 질문을 해 보세요.**

예 공중전화 박스에 자동심장충격기가 있다는 사실을 아는 사람이 몇이나 될까.

## 반박하기

꼬리 물기가 생각의 폭을 넓혀 준다면, 반박은 글의 구멍을 막아 줍니다. 보통 이때 꼬리 질문은 칼럼이나 소설을 쓰기 전 활용하면 좋습니다. 타인이 반박할 여지를 사전에 미리 방지하는 거죠. 토론한다는 생각으로 내가 얻은 사실에 반박을 해 보세요!

볏짚은 추운 겨울 해충들의 보금자리이다. (답변)
→ 그래서 나무에 볏짚을 감는 것을 '월동 준비'라고 한다. (파생된 생각)
→ 해충은 겨울에만 생기는 것인가? 왜 봄, 여름, 가을에는 해충을 잡는 방법이 따로 없는가? (반박)
→ 봄, 여름, 가을은 춥지 않으므로 굳이 볏짚을 이용해 해충을 잡을 필요가 없다. (답변)

물음표가 없는 완성본은 없습니다. 모든 것에 호기심을 갖는 건 물론이거니와 나의 생각과 반대하는 입장이 되어 나를 공격할 줄도 알아야 글의 오류가 줄어든답니다.

처음엔 이 과정이 감도 잘 안 오고, 어렵게 느껴질 수도 있습니다. 이해는 되는데 막상 직접 해 보려고 하면 힘들 수도 있고요. 이제 막 글쓰기를 배우는데 당연한 결과입니다. 좌절하지 말고, Part1은 가볍게 읽고 넘어간다는 생각으로 쭉 읽어 보세요. 앞으로 글을 발전시키는 '과정'은 이 책이 끝날 때까지 연습할 거니까요!

## 0
## 1

**위에서 얻은 두 가지 답변을 반박하는 질문을 해 보세요.**

예 공중전화 박스에 써 있는 설명서만으로 자동심장충격기를 곧바로 사용할 수 있을까.

일 년에 몇 명이나 사용할까. 제대로 사용한 사례가 별로 없다면 의미가 없는 게 아닐까.

# 3장

## 주관적 시각으로

시시각각 달라지는 세상

요즘 말로 일명 '감성 글'이라고 하죠? 읽기만 해도 감성
이 덕지덕지 묻어 있는 그런 글이요. 어떻게 해야 글에 감
성이 묻어날 수 있을까요? 자신만의 감성을 그대로 녹여
내는, 한마디로 '주관적인 글'이란 자기의 견해나 관점을 기초
로 글을 쓰는 겁니다. 사람들은 제각각 자신의 시각으로 세
상을 바라보면서도 막상 글로 꺼내려면 어려워하는데요.
자신의 시각을 세상에 투영시키는 방법을 모르기 때문입
니다. 이 장에선 어떻게 '주관적인 글'을 쓰는지 살펴볼게요.

## 주관적 사물

어떻게 사물을 주관적으로 볼 수 있나요? '주관적 사물'이라는 말 자체만으로도 다소 생소할 수 있습니다. '주관적으로 사물을 바라보는 법'을 좀 더 효율적으로 설명하기 위해 먼저 '객관적으로 사물을 바라보는 법'부터 볼게요.

현재 어떤 공간에 있나요? 카페에 앉아 있거나, 지하철 또는 강의실에 있을 수도 있죠. 아래 예시를 보세요.

창밖의 풍경은 계속 바뀐다. 노선도 속 1호선은 파란색이다. 지하철 손잡이가 흔들린다. 옆 칸으로 가는 문이 열려 있다. 열려 있는 문 아래 토사물이 있다.

현재 지하철 안을 객관적인 사실 위주로 써 보았습니다. 이때, 지하철 안에 있는 사람들은 철저히 빼고 오로지 '사물만' 가지고 글을 써야 합니다.

그럼 이제 '주관적인 수식어'를 붙여 볼게요. 주관적이란 위에서 언급했듯 자기의 견해나 관점을 기초로 한 글인데, 여기서 '주관적 사물'이 되려면 사물에 내 시각이 반영된 수식어를 붙여 주면 됩니다.

창밖의 풍경은 기억처럼 순식간에 정지되어 있는 모든 것을 스친다. 노선도 속 1호선은 청량한 파란색을 품고 있다. 지하철 손잡이가 술 취한 듯 흔들린다. 옆 칸으로 가는 문이 입을 벌리고 있다. 열려 있는 문 아래 지난밤 친구네 집에서 자고 간 남학생의 토사물이 널브러져 있다.

밑줄 친 글자가 바로 '주관적인 수식어'입니다. '결국 비유법을 쓰라는 건가?'라고 생각할 수 있지만 그렇게 생각하면 범위가 좁기 때문에 저는 이를 '주관적 수식어' 또는 '주관적 해석'이라고 부를게요.
대부분 인지를 못하고 있는 순간에도 내 글에는 나만의 시각이 투영됩니다. 사물이나 사람을 빗댄 비유, 느낌, 상상까지 모든 건 주관적인 나의 시각에서 나오죠. '나'라는 필터를 끼워 다른 사람들이 '나처럼' 사물을 바라보게끔 전달한다고 생각하면 쉽습니다. 단순한 사실 위주의 서술에도 나만의 시각을 더하면 풍경을 훨씬 생생하고 재밌게 그릴 수 있어요.

# 0
# 1

다음 상황을 사물 위주로 객관적 서술과 주관적 서술을 나눠 작성해 보세요.

매일
세 줄

객관적 서술

주관적 서술

## 주관적 사람

이번엔 사람을 주관적으로 표현해 볼게요. 먼저 객관적인 사실 위주로 사람을 써 볼 거예요.

지하철 안엔 앉아 있는 사람들뿐이다. 지하철 통로를 걷는 사람은 오직 상인뿐이다. 그는 휴대용 마이크를 통해 생활용품을 팔고 있다. 출입문 옆에 앉아 있는 사람은 옆 쇠기둥에 몸을 기대고 있다. 맞은편 여자는 블루투스 이어폰을 꽂았다 빼기를 반복하고 있다.

이제 주관적 서술어를 붙여 볼까요?

지하철 안엔 움직임이 없는 사람들뿐이다. 지하철 통로를 걷는 사람은 상인이 유일했다. 그는 판매 용품을 마치 캐리어처럼 물건을 가볍게 끌고 가며, 이동식 마이크에 대고 랩처럼 쉬지 않고 떠들고 있다. 출입문 옆에 앉아 있는 사람은 퇴근길이 고단한지 몸을 기둥에 간신히 뉘이고 있다. 맞은편 여자는 어제 선물 받은 블루투스 이어폰이 불편한지 꽂았다 빼기를 반복하고 있다. 그 옆에 남자는 풍선처럼 얼굴이 부풀어 있다.

쉴 새 없이 떠드는 상인의 모습을 효과적으로 그려 내기 위해 [랩처럼 쉬지 않고]란 수식어가 붙었고요. 또 [캐리어]와 [가볍게]는 함께 쓰면 그 느낌이 극대화됩니다. 마치 여행 갈 때의 기분을 느끼고 있는 사람처럼 표현한 것이죠. [퇴근길이 고단하다], [간신히 뉘이다]

도 마찬가지입니다. 퇴근 시간이기 때문에 몸을 기댄 사람을 '퇴근하고 있는 중'이라고 추측하고, 실제론 고작 쇠기둥에 몸을 기댄 것뿐이지만 나는 '간신히 누운 것'으로 보는 겁니다. 맞은편 여자가 귀에 꽂고 있는 블루투스 이어폰이 어제 선물 받은 것인지, 오늘 직접 구매한 것인지는 알 수 없습니다. 그러나 그녀가 이어폰을 끊임없이 만지작거리는 모습을 미루어 보아 소중하게 생각한다는 걸 알 수 있고, 선물을 받았다고 추측하는 겁니다. 귀에 가만히 꽂고 있다가도 여러 번 뺐다 꽂기를 반복하는 걸로 보아, 아직 이어폰이 익숙하지 않으니 어제, 오늘 생긴 새 것이라고 생각하는 거죠.

물론 이 추측이 정답은 아닙니다. 똑같은 행동을 보고도 사람들은 각각 다른 생각을 할 수 있습니다. 여기서 주목해야 할 것은 바로 "내가 어떻게 바라보는가."입니다.

상황을 생생하게 표현할 수 있는 수식어를 생각하고, 세밀한 관찰력으로 이야기를 만들어 보세요. 심심할 법한 문장이 더 흥미로워질 거예요.

# 0
# 1

다음 상황을 사람 위주로 객관적 서술과 주관적 서술을 나눠 작성해 보세요.

객관적 서술


주관적 서술

## 주관적 시각 활용법

### 1. 사물과 사람 바꾸기

예시를 보면 혹시 이상한 점 없나요? 사물은 사람처럼, 사람은 사물처럼 표현했습니다. 실제로 이런 표현 방법은 장면을 상상하는 데 큰 도움이 돼요. 예시에서 주관적 시각을 어떻게 활용했는지 볼게요.

㉠ 사물 → 사람
창밖의 풍경은 기억처럼 순식간에 정지되어 있는 모든 것을 스친다.
'기억' = 생명만 가질 수 있는 전유물

1호선은 청량한 파란색을 품고 있다.
'품고 있다' = 사람이 무언가를 안는 모습

지하철 손잡이가 술 취한 듯 흔들린다.
'술 취한' = 불규칙적으로 흔들리는 취객의 모습

옆 칸으로 가는 문이 입을 벌리고 있다.
'입을 벌리고 있다' = 문이 열려 있는 모습을 의인화

㉡ 사람 → 사물
그 옆에 남자는 풍선처럼 얼굴이 부풀어 있다.

얼굴이 부어 있는 모습을 '풍선처럼 부풀어 있다'고 표현

## 2. 내 멋대로 이야기 만들기

열려 있는 문 아래 <u>지난밤 친구네 집에서 자고 간 남학생의</u> 토사물이 <u>널브러져 있다</u>. 맞은편 여자는 <u>어제 선물 받은</u> 블루투스 이어폰이 <u>불편한지</u> 꽂았다 빼기를 반복하고 있다.

밑줄로 표시된 부분은 오로지 나의 상상으로 만들어 낸 '이야기'입니다. 앞서 말했듯 똑같은 걸 보고도 사람마다 하는 상상은 다릅니다. 바닥에 널브러져 있는 토사물의 원인은 멀미라고 생각할 수도, 지난밤 친구네 집에서 밤새워 마신 술 때문일 수도 있죠. 만일 내가 차멀미를 심하게 하는 사람이었다면 토사물의 원인을 '멀미'라고 단박에 떠올리겠지만, 술을 좋아하는 사람이라면 당연히 '술 때문'이라고 생각했을 겁니다. 또 내가 선물 받고 싶었던 블루투스 이어폰이라면 그것을 '선물'이라고 생각할 수 있고, 이미 내가 1년 전부터 갖고 있던 거라면 '오래된 물건'이라고 생각할 수 있는 거죠. 이처럼 나의 상황에 따라 이야기도 그때그때 달라질 수 있습니다.

# 0
# 1

**다음 문장의 사람은 사물에, 사물은 사람에 비유해 보세요.**

대형차가 비좁은 길을 아슬아슬하게 달리고 있다.
_____

버스 안의 사람들은 모두 스마트폰만 보고 있다.
_____

## 0
## 2

**다음 상황을 읽고, 상황이 벌어지게 된 이야기를 써 보세요.**

카페 안의 테이블이 산만하게 놓여 있고, 그 위엔 열댓 개의 빈 잔이 놓여 있다.

꾸벅꾸벅 졸고 있는 남자의 고개가 자꾸만 옆 사람에게 떨어졌다.

# 일기 쓰는 방법,
# 이렇게 다양하다

글 중에서도 누구나 손쉽게 접할 수 있는 건 바로 일기입니다. 실제 심리 치료 방법 중 '일기 쓰기'가 있을 정도로 일기가 사람에게 주는 영향은 긍정적이란 사실 아시나요?

사람들은 보통 일기를 쓸 때는 특별한 날이나 생각지 못한 일을 위주로 기록하려고 하지만, 사실 별거 없는 하루에 감정만 줄줄이 늘어놔도 훗날 봤을 때 더 재밌는 기록이 될 수 있습니다. 사건 사고 없는 밋밋한 하루라 뭘 써야 될지 모르겠다고요? 무엇이든 좋습니다. 누군가를 향한 가지 않을 러브레터나, 오늘 미웠던 누군가를 원망하는 말, 돌연 느낀 깨달음 등 우선 부담 없이 일기를 써 보는 것부터 시작하세요. 일기 쓰는 방법은 생각보다 다양하답니다. 일기의 종류를 크게 총 4가지로 간추려 봤어요.

## 1. 일상 일기 (하루 동안 있었던 일+느낀 점)

2015년 6월 6일

현충일이었다. 피부과를 가지 못했다. 일정 때문에 다음 주까지 기다려야 한다는 점이 걱정이다. 재미없다는 친구의 말을 무시하고 〈투모로우 랜드〉

를 봤다. 나에게는 꽤 영감을 주는 영화였다.

영화를 보러 간 길에 H문구에서 공책 하나와 영어단어 책 한 권을 샀다. 늘 다짐하며 사는 것들인데 무의미하게 쌓여만 가는 것 같다. 구매하는 순간만큼의 굳은 다짐은 잘 유지되지 않는다.

정장을 사야 했다. 좋아하지 않는 쇼핑을 하느라 허리가 아팠다. 결국, 회색 바지와 흰 와이셔츠만 빠르게 구매했다.

오랜만에 연락이 된 친구와 메시지를 주고받았다. 한동안 연락을 안 하던 친구라 최근 일을 요약해 말하는 동안 내 한 달이 파노라마처럼 스쳐 지나갔다. 지난 한 달은 고달팠던 것 같아, 우울함에 잠시 친구와 노래방에 갔다. 2시간을 못 채우고 나와 집으로 돌아가는 길엔 완전히 녹초였다. 태극기와는 거리가 먼 바쁜 휴일이었다.

일상 일기는 우리가 예전부터 가장 많이 쓰던 일기 형식이죠. 하루의 있었던 일을 간단하게 쓰곤 뒤에 느낀 점까지 덧붙이면 끝!

## 2. 감정 일기 (감정 배출하기)

2015년 6월 6일

오늘은 친구와 〈투모로우 랜드〉를 보는 날. 친구가 재미없다고 했지만, 내가 우기는 바람에 다른 친구와 영화를 보게 되었다.

처음부터 순탄치 않았다. 친구는 약속 시각에 20분이나 늦었다. 미리 책을 가지고 왔으면 좋았을 텐데 나는 기다리는 시간 동안 할 게 없었다. 오자마자 친구를 나무랐지만, 친구는 영 미안한 태도가 아니었다. 영화표를 내가 구매했기 때문에 나는 당연히 친구가 음료를 살 줄 알았는데, 친구는 음료수를 먹지 않겠다고 했다. 나는 괜스레 쪼잔한 사람이 되고 싶지 않아서 나도 됐다고 했다. 영화는 그럭저럭 재밌게 봤는데, 영화를 보고 나오니 또 친구의 만행이 떠올랐다. 간신히 참으며 H문구에 갔는데 친구는 내게 계속 빨리 밥을 먹자며 졸랐다. 급하게 공책과 영어단어 책 한 권씩 구매하고 나오니 30분의 시간이 지나 있었다. '이게 그렇게 재촉할 일이었나?' 싶은 서운한 마음에 "너는 20분이나 기다리게 해 놓고 30분 같이 쇼핑하는 것도 못 기다려 주냐!"고 말하자 그제야 친구가 미안하다고 했다. 친구에게 서운함이 많은 날이었으나, 이 친구와는 늘 티격태격하면서도 자주 본다. 이게 진짜 친구일까.

누군가에게 말하긴 꺼림직한 이야기, 그러나 털어놓고 싶은 이야기가 있을 땐 '감정 배출' 일기 형식을 이용해 보세요. 다 쓰고 나면 친구와 수다를 실컷 나눈 듯 속이 시원해질 거예요.

### 3. 요약 일기 (일과 나열)

2015년 6월 6일
현충일. 피부과를 가지 못함. 〈투모로우 랜드〉 봄. 공책 하나와 영어단어 책 한 권/회색 바지와 흰 와이셔츠 구매. 친구와 노래방 2시간. 바로 집 와서 잠듦.

일기는 쓰고 싶은데 정말 시간이 없을 땐 이 방법을 사용해 보세요.

오늘 했던 일만 간략하게 쓰는 거죠. 감정 역시 한 줄로 간추려서 남기는 거예요. 무척 간편하죠?

## 4. 생각 일기 (의식의 흐름)

2015년 6월 6일

기껏 현충일인데 피부과를 가지 못했다. 손가락에 습진이 심하게 생겼다. 물을 심하게 다룬 적도 없는데. 오히려 엄마는 설거지를 많이 도와주지 않는다고 불만이다. 그런 나에게 습진이라니.

〈투모로우 랜드〉를 봤다. 나에게는 꽤 영감을 주는 영화였다. 약간 동화 같기도 했다. 〈투모로우 랜드〉 역시 디즈니에서 만든 영화라, 〈말레피센트〉를 떠올리게 했다. 영화를 보고, 선택받은 자만이 살 수 있다는 세상에서 살면 내 인생이 조금 더 성의 있어질까 싶은 생각이 들었다. 요즘 하루를 허투루 쓰는 느낌이다. 갑자기 올해 그냥저냥 보냈던 시간이 아까워진다. 오랜만에 연락이 된 친구와 메시지를 주고받을 때도 그랬다. 한동안 연락을 안 하던 친구라 최근 일을 요약해 말하는 동안 내 한 달이 파노라마처럼 스쳐 지나가는데, 후회만 남았다. 한 달 동안 이룬 목표가 한 개도 없다는 사실에 우울해졌다. 앞으로 시간을 잘 쓸 수 있도록 계획을 세워 봐야겠다.

생각 일기는 '있었던 일'이 중심이 되기 보단 있었던 일에서 비롯된 '생각'에 중점을 둡니다. 사건과 생각을 나누지 말고 특별한 형식 없이 의식의 흐름대로 써 보세요. 내용이 산만해도 상관없습니다.

# 글쓰기 준비, 땅!

# 1장 초고 쓰기

## 초등학생처럼 쓰자

오호~
초딩처럼은 써볼만하지.
난 순수한 뇌를 가졌으니

고흐는 "그대가 진정한 화가가 되고 싶다면 아이 같은 마음으로 그림을 그려라."라고 했습니다. 타고난 천재가 아닌 이상 처음부터 잘할 수 없다는 건 모두가 알고 있는 사실이에요. 그러나 대부분의 사람들은 처음 배우는 것조차 단시간에 큰 효과를 바랍니다. 욕심은 조급함을 불러오고, 그 조급함은 결국 자신을 지치게 하기 마련이죠. 생각만큼 투자를 하지 않았으면서 "왜 난 안 되지?"라고 생각하는 겁니다.

글도 마찬가지예요. 처음 글을 쓸 때 가장 많이 하는 실수가 바로 '욕심 부리는 것'입니다. 이번 장에는 글쓰기를 막 시작한 분들이 가장 많이 하는 실수 세 가지가 정리되어 있습니다. 본격적인 글쓰기에 돌입하기 전, 우리는 세 가지의 실수를 먼저 짚고 넘어가도록 할게요!

# 0
# 1

완벽한 문장을 포기해라 · · · · ·

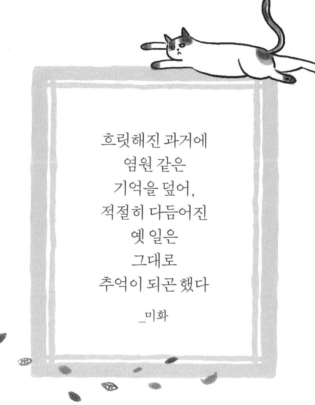

흐릿해진 과거에
염원 같은
기억을 덮어,
적절히 다듬어진
옛 일은
그대로
추억이 되곤 했다

_미화

## 오늘의 글쓰기 수업

여러분은 '미화'를 어떻게 해석하고 계신가요? '미화'의 사전적 정의는 '아름답게 꾸밈'입니다. 뜻은 같아도 해석은 저마다 약간씩 다를 수 있어요. 예시의 경우 '아름답게 꾸밈'이란 사전적 정의를 기반하고 있지만, '정확하지 못한 기억을 자신이 원하는 대로 각색해서 기억한 경우'로 해석하며, 부정적인 시각으로 '미화'를 바라보고 있습니다.

이처럼 '주관'이 들어간 글에는 늘 따라다니는 의문이 하나 있어요. 바로 '다른 사람은 이 글을 읽고 내 생각을 이해할 수 있는가?'죠. 그 외에도 '내용의 흐름이 잘 이어가고 있는 건가? 비문인가? 이건 이렇게 써도 되는 건가? 내가 아는 상식이 맞는 건가?' 수많은 생각들이 쉬운 글쓰기를 방해합니다. 글쓰기의 특성상 완벽을 추구하는 건 좋지만, 처음부터 완벽하고자 한다면 결코 진도를 나갈 수 없습니다. 처음 글쓰기에 도전한다면, '완벽'은 과감히 포기할 것!

글은 쓰면 쓸수록 고려해야 할 부분들은 많습니다. 이러한 부분들을 하나하나 다 수정하고 신경 쓰면서 글을 쓰다 보면 아마 6시간 동안 한 페이지를 겨우 쓰는 사태가 발생하겠죠.

만일 1장에서 소재 찾기에 실패했다면 당장 생각나는 문장 하나를 만들어 놓고, 그에 따른 생각을 나열하는 것도 방법입니다. 가슴속 밑바닥까지 벅벅 긁어내는 솔직함으로 쓰면 더욱 좋고요.

글에서 수정이나 탈고 작업은 필수입니다. 초고에서 가장 중요하게 기억해야 할 것은 '내 안에 있는 모든 이야기를 최대한 풀어 놓는 것'입니다. 초고를 '나만 아는 일기'로 생각해 봐요. 정리되지 않아도, 앞뒤가 맞지 않아도 상관없어요! 어차피 나만 볼 거니까요! 처음부터 완벽함을 추구한다면 속도가 더뎌지는 것은 물론이고, 창의력과 잠재력에도 한계를 부여해 버린답니다.

# 0
# 1

**당장 생각나는 문장 하나를 적어 보세요.**

예 월요일은 왜 이렇게 빨리 오는 걸까.

# 0
# 2

**위 문장에 따른 생각을 나열해 봅니다.**

예 월요일을 쉬는 날로 만들면 화요일이 싫어질까?
출근하지도 않았는데 벌써 퇴근하고 싶다.

어떻게 전할까보다
잃을 것들이 먼저 떠올라서

늘 어렵게 느껴지는 것뿐이야
매번 용기가 필요한 일이야


_고백

## 오늘의 글쓰기 수업

'고백'은 어떻게 가장 효과적으로 전달할 수 있을까요? 촛불로 길을 만들고, 그 길 위에 꽃가루를 뿌리고, 장미 백 송이를 들고 "사실 나 너 좋아해!"라고 말한다면 그 준비성에 감동할 수도 있겠지만, 겉치레보다 더 중요한 건 진심을 담은 한 마디죠.

글을 처음 쓸 때 '처음 쓰는 것을 들키기 싫어서' 또는 '있어 보이려고' 온갖 수식어를 남발하는 실수를 많이 합니다. 저 또한 담백한 문장에 어울리지도 않는 과한 수식어를 붙여 놓고 만족해하던 시절이 있었습니다.

멋들어진 수식어, 전문가 포스 줄줄 흐르는 단어보다 마음속에 있는 진심을 먼저 꺼내는 연습을 해 봐요. 오늘은 어떤 날이었나요? 어떤 글을 쓰고 싶나요? 쓰고 싶은 말, 쓰고 싶은 상황을 직설적으로 써 보세요.

문장을 쓰다 보면 주어와 수식어의 호응조차 어그러지는 경우가 많습니다. 이 경우, 문장의 기본조차 갖추지 못하게 되는 것이죠. 저 역시 많이 했던 실수였는데, 이 버릇은 탈고 전 오탈자를 점검하며 수없이 쏟아지는 비문을 보며 수치심을 느끼고서야 비로소 고쳤답니다.

어딜 가나 '정석'은 중요합니다. 중요하기 때문에 '정석'인 것이지요. 기본을 지키지 않고 쓰는 기술은 '겉멋'에 불과합니다. 아래는 바로 문장의 기본 구조인데요. 주어와 서술어의 호응이 헷갈린다면 문장의 기본 구조를 꼭 참고하도록 하세요.

주어 + 서술어
주어 + 목적어 + 서술어
주어 + 보어 + 서술어

문장의 기본 구조를 보니 뭔가 떠오르지 않나요? 영어를 배울 때 첫 단원에서 다루는 문장 형식이죠. 어떤 문장이든 기본 구조가 갖춰진 상태에서 꾸며져야 한다는 점을 잊지 마세요. 옷을 입기 전, 액세서리부터 하지는 않죠. 치장은 나중에 하고 옷부터 골라 보세요. 하고 싶은 말을 쭉 나열해 보는 것이 먼저, 치장은 그 다음!

# 0
# 1

**당장 생각나는 문장 하나를 적어 보세요.**

예 나는 이제 회사를 다니지 않는다.

# 0
# 2

**위 문장의 문장 성분을 써 보세요.**

예 나는 / 이제 / 회사를 / 다니지 않는다.
주어 / 부사어 / 목적어 / 서술어

눈치 좀
없으면
염치 좀

_무개념

## 오늘의 글쓰기 수업

짧은 글일수록 주제는 확실해야 합니다. 이 말도 하고 싶고, 저 말도 하고 싶을 땐 두 주제를 아예 분리해서 다른 글로 쓰도록 해요. 예시에서의 주제는 '눈치도 염치도 없는 사람=무개념'이라고 할 수 있겠네요.

짧은 글은 대부분 '눈치 좀 / 없으면 / 염치 좀'처럼 글 자체가 한 문장이기 때문에 하나의 이야기만 임팩트 있게 쓰는 게 좋습니다. 긴 글일 경우에도 한 문장에 여러 이야기를 우겨 넣을 경우 주어와 서술어의 관계가 엉망이 되기도 해요.

하고 싶은 말이 없을 줄 알았는데 생각보다 너~무 많은 걸 말하고 싶어서 하는 실수들! 그러나 정리가 되지 않는 문장들! '한 문장에 이야기는 하나씩!' 이것만 기억합시다!

하고 싶은 말이 많을 땐 대체로 글이 구구절절 길어지는데 예를 들면 이렇습니다.

저는 외국에서 2년간 생활하며 어학연수를 간 경험 덕분에 많이 성장할 수 있었고, 외국인 친구들을 사귀며 영어 실력이 많이 늘었습니다. 또 호텔, 카페 아르바이트를 하며 생활했기 때문에 좋은 경험도 많이 쌓았고, 다양한 친구를 사귄 덕에 사교성도 좋아졌습니다.

<u>예시처럼 이러한 실수를 가장 많이 하는 글이 바로 자기소개서입니다.</u> 면접관들에게 짧은 시간 내에 장점을 많이 알리고 싶어서 온갖 얘기를 하곤 하는데, 듣다 보면 "뭐야, 다 잘해?"라는 의구심이 들 정도죠. 너무 길다 보니 되레 어떤 장점도 강조되지 않고, 주어와 서술어의 호응 또한 명확하지 않아서 무슨 얘길 하고 싶은지 전혀 전달되지 않습니다. 뒤로 갈수록 면접관의 흥미만 떨어트리는 결과를 가져오죠.
그럼, 위의 혼란스러운 문장을 정리해 보도록 할게요.

저는 외국에서 2년간 어학연수를 했습니다. 여러 아르바이트를 통해 다양한 경험을 쌓았고, 외국인 친구들을 사귀며 사교성이 좋아지는 것은 물론 외국어 실력도 향상됐습니다.

중복 내용은 하나로 통일했고, 문장의 기본 구조를 토대로 주어와 서술어의 호응 역할을 분명히 했습니다. <u>쓰고 싶은 말이 너무 많을 땐 한 개의 이야기당 한 문장으로 정리해 보세요. 자연스럽게 글을 잇는 건 그다음 작업!</u>

## 0
## 1

1분 자기소개를 5줄 이하로 작성해 봅니다.

## 0
## 2

한 문장에 하나의 이야기가 들어갔는지 확인 후, 글을 매끄럽게 다듬어 보세요.

# 2장 단어 수집
## 다품종 소량 생산 시대

비 오는 날은 땡땡이 바지가 제맛이지! ㅋㅋ

워낙 콘텐츠가 다양해진 요즘 '다품종 소량 생산 시대'라고 해도 과언이 아니죠. 요리도 다양한 재료를 첨가해야 맛있듯 글도 단어를 폭 넓게 써야 양질의 글이 나오기 마련입니다.

글에서 단어는 요리에서 신선한 재료를 찾는 것만큼 중요합니다. 비슷한 뜻이더라도 어떤 단어를 선택하느냐에 따라, 문장의 느낌이 완전히 달라지기 때문이죠. <u>요리에서 재료가 기본이라면 글에는 단어가 기본! 수학에서 사칙 연산이 기본이라면 글에는 단어가 기본!</u>

이제 본격적으로 짧은 글 쓰는 방법을 알아볼 텐데, 그 중에 가장 기본인 단어 수집을 배워 볼 거예요. 이 단어는 왜 필요한가, 어떻게 모으는가, 모은 단어는 어떻게 쓰는가에 대한 궁금증을 풀어드릴게요.

그렇게 사라졌고,
그러나 살아졌다.

_너 없이도

**오늘의 글쓰기 수업**

'라임'이라고 들어보셨나요? 랩 가사에 비슷한 발음, 즉 시에서 운율
과 같은 역할을 하는 가사를 요즘 말로 '라임'이라고 합니다. 짧은 글
쓰기에서도 이 '라임'은 중요합니다. 기술적인 부분은 뒤에 가서 배
우도록 하겠지만, 이 '라임'을 쓰려면 그 전에 갖춰진 단어의 폭이
넓어야 합니다. 선택이 폭이 넓어야 그만큼 다양한 '라임'을 구사할
수 있으니까요.

사실 작가들조차도 단어를 수집해 본 적은 많이 없을 것입니다. 우리 나라 학생들은 영어 단어장은 가지고 있어도, 국어 단어장을 가지고 있는 사람은 없지 않나요? 꼭 예쁜 수첩에 차곡차곡 정리하지 않아도 좋습니다. 휴대전화 메모장에 생각나는 단어를 〈자주 쓰는 단어〉와 〈자주 쓰지 않는 단어〉 기준으로 한 번 나눠 봐요.

| 자주 쓰는 단어 | 자주 쓰지 않는 단어 |
|---|---|
| 뾰족하다, 꾸짖다, 능글맞다 공정하다, 흩어지다 | 첨예하다, 일갈하다, 노회하다, 공명하다, 산재하다 |

양쪽 단어는 의미하는 바가 비슷하면서도 미묘하게 다른 구석이 있습니다. 단어의 뜻이 궁금하다면 바로 검색해 볼 것! 국어사전 검색을 습관화해야 단어장이 풍족해질 수 있습니다.

이렇게 나만의 단어장을 만들어 〈자주 쓰는 단어〉와 〈자주 쓰지 않는 단어〉를 나눠 놓으면 앞으로 〈자주 쓰는 단어〉는 덜 쓰고, 그를 대체할 수 있는 단어를 〈자주 쓰지 않는 단어〉에서 찾아볼 수 있습니다. 분류 방법을 잘 모르겠다고요? 두 단어장의 분류 기준은 오로지 '나'입니다! 만일 다른 사람이 많이 쓰더라도 내가 자주 쓰지 않으면 그건 〈자주 쓰지 않는 단어〉로 분류하는 거죠.

# 0
# 1

자주 쓰는 단어를 쭉 나열해 보세요.

# 0
# 2

자주 쓰지 않는 단어를 나열해 보세요.

눈으로 본 것만 믿는 건 '확인'
보지 않은 걸 믿는 건 '믿음'

_진짜 믿음

## 오늘의 글쓰기 수업

'짧은 글에는 크게 어려운 단어가 쓰이지 않을 텐데 뭐 때문에 단어장이 필요한 걸까?' 하는 의문을 갖을 수도 있어요. 여기서 짚고 넘어가야 할 것은, 단어장은 어려운 단어를 자주 쓰기 위함이 아니라, 단어의 폭을 넓히는 것이 목적이라는 점입니다. 그렇다면 〈자주 쓰는 단어〉는 굳이 왜 따로 적어 둘까요? 그 이유는 바로 '덜 쓰기 위함'이랍니다. 내가 〈자주 쓰는 단어〉가 당장 생각나지 않는다면 평소 SNS나 메시지에서 자주 쓰는 단어를 살펴봐요.

저 같은 경우, 단어장을 쓴 결과 '마음', '믿음', '생각', '추억', '기억'과 같은 느낌의 단어를 좋아합니다. '가짜', '진짜'라는 단어보다는 '거짓', '진실'이라는 단어를 더 선호하고요. '눈동자', '눈빛', '동공', '시선'이란 표현은 자주 쓰지만, 직접적으로 '눈'이라는 단어는 잘 사용하지 않습니다. 그럼 예시처럼 '눈'과 '진짜'라는 〈자주 쓰지 않는 단어〉를 사용해 글을 써 볼 수 있는 것이죠.

자주 쓰는 단어를 꼭 고쳐야 하는 건지 의문을 갖는 사람도 있을 겁니다. 그러나 끼마다 같은 메뉴를 먹는다면 어떨까요? 아무리 맛있게 만들어도 질리지 않을까요?

반복되는 단어는 멋없고, 반복되는 문장은 맛없죠.

그렇다면 〈자주 쓰지 않는 단어〉는 어떻게 정리할까요? 우선은 제가 쓰는 단어장의 기본 틀을 보여드릴게요.

---

**자주 쓰지 않는 단어**

첨예하다   형) 1.날카롭고 뾰족하다 2.상황이나 사태 따위가 날카롭고 격하다
　　　　　 ex) 첨예한 칼끝을 보며 그는 긴장했다.

일갈하다   동) 한번 큰 소리로 꾸짖다
　　　　　 ex) 장군은 군인에게 일갈했다.

노회하다   형) 경험이 많고 교활하다
　　　　　 ex) 그는 노회한 계획으로 작전을 성공했다.

공명하다   형) 사사로움이나 한쪽으로 치우침이 없이 공정하고 명백하다
　　　　　 동) 남의 사상이나 감정, 행동 따위에 공감하여 자기도 그와 같이 따
　　　　　　　 르려 하다
　　　　　 ex) 동네 할아버지는 공명한 사람이었다.

산재하다   동) 1.여기저기 흩어져 있다 2.재산을 이리저리 써서 없애 버리다
　　　　　 ex) 중국 어딘가에 산재하고 있을 독립군들을 모았다.

---

단어를 쓰고 그 옆에 뜻과 예시를 쓰는 게 전부입니다. 별거 없죠? 영어 단어를 적던 방식을 떠올리면 쉬울 거예요. 차이점은 영어 단어장에선 동사인지 형용사인지가 중요했다면, 국어 단어장에선 예시가 더 중요하다는 점입니다. 어떤 상황에서 쓰인 단어인지 알아야 자신이 활용할 때 정확한 상황에서 그 단어를 사용할 수 있기 때문이죠.

0
1

자주 쓰지 않는 단어를 나열하고, 단어의 뜻과 예시를 각각 적어 보세요.

# 3장 틀 깨기

## 괴·짜·가 되라

발상의 전환 훈련으로
이만한 게 없지!

글에도 선입견이 있다는 걸 아시나요? '토끼가 OOOO 뛰어간다.', '새싹이 OOOO 돋는다.' 빈칸 안에 들어가는 말은 쓰여 있지도 않은데 자연스럽게 떠오릅니다. <u>토끼는 깡충깡충 뛰고, 새싹은 파릇파릇 돋아나죠. 이런 걸 선입견, 즉 '틀'이라고 합니다.</u>

우리는 어렸을 때부터 동요나 동시를 통해 말랑말랑했던 창의력에 한계를 부여해 왔습니다. 이제는 이런 상투적인 틀을 깨 보도록 할게요. 단어에 어울리지 않는 서술어를 붙이고, 사물이 되어 보고, 내가 있는 공간을 다른 곳으로 마음껏 바꿔 봐요. 이런 발상의 전환 훈련을 계속하다 보면 주관적인 시각을 갖게 되는 건 시간문제겠죠. '어떻게 이런 걸 생각해 냈지?', '와 이런 생각도 할 수 있구나.' 라고 할 정도의 괴짜가 되어 보는 게 이번 장의 미션!

그늘을 베고, 바람을 덮고
정오의 햇살과 나란히 누워

_낮잠

## 오늘의 글쓰기 수업

'베개를 ○○', '이불을 ○○', '햇살이 ○○○' 빈칸에 들어갈 말로 무엇
이 떠오르나요? 아마 베개를 베다, 이불을 덮다, 햇살이 내린다 또는
햇살이 비친다 정도의 뜻이 떠올랐을 거예요. 이 서술어는 모두 죽은
서술어라고 할 수 있습니다.

위의 예시를 볼까요? 베개 대신 그늘을 베고, 이불 대신 바람을 덮고, 햇살
은 내리쬐는 대신 함께 나란히 누웠네요. 이렇게 표현하니 어떤가요? 전
혀 어렵지 않은 단어와 서술어가 조화를 이루며 신선한 표현으로 탄
생했죠?

이런 걸 어떻게 생각해 내냐고요? 저도 처음부터 할 수 있었던 건 아
니랍니다. 이번 단원에서는 예시글처럼 쉬운 단어와 서술어를 신선
하게 다루는 방법을 알려드릴게요.

자 그럼 먼저, 내가 가진 선입견을 살펴볼게요. '시계'를 보고 떠오르는 것을 쭉 나열해 보세요.

시계　　바늘, 초침, 숫자, 눈금, 빠르다, 느리다, 촉박하다,
　　　　더디다, 멈춘다, 공평하다, 한정적이다

이번엔 '물'을 같은 방법으로 나열해 볼게요.

물　　　수돗물, 계곡, 바다, 강, 밀물/썰물, 차갑다, 뜨겁다,
　　　　흐른다, 고인다, 떨어진다, 잠식한다, 증발한다

이제 전혀 다른 두 단어의 속성을 섞어 문장을 만들어 봐요.

시계가 고여 있다.
시계가 잠식한다.
시계가 증발한다.

시계에 단지 물에 관련된 서술어를 사용했을 뿐인데 이처럼 표현이 다양해졌습니다. '시계가 멈춰 있다.'란 시시한 문장에 양념을 더한 것이죠. 이번엔 반대로 물을 시계에 비유해 볼까요?

계곡의 폭은 촉박하다.
수돗물은 초침처럼 떨어진다.

바다는 시간처럼 한정적이고 공평하다.

사물 몇 가지를 정해 상투적인 표현을 늘어놓은 뒤 다양하게 결합해 봐요. '물'을 부었다가 만들고, '시계'를 구겼다가 펼칠 줄 아는 통통 튀는 내 안의 괴짜를 꺼내 보는 거예요. 그러다 보면 나만의 감각적인 문장이 탄생하는 건 물론 표현력이 눈에 띄게 성장하겠죠?

# 0
# 1

단어를 보고 생각나는 명사와 서술어를 적어 보세요.

불빛　　반딧불, 양초, 스탠드, 간판, 빛난다, 꺼졌다, 살아있다, 죽었다

필름 _____

기억 _____

번개 _____

첫눈 _____

# 0
# 2

두 가지 단어를 짝지어 서술어를 다르게 조합해 보세요.

**예** 불빛이 내렸다 ('불빛' + '첫눈' 서술어)

　　기억이 번뜩였다 ('기억' + '번개' 서술어)

# 0
# 3

두 단어를 짝지어 비유해 보세요.

예 필름처럼 스치는 기억 ('기억'을 '필름'에 비유)
번개처럼 깜박이는 불빛 ('불빛'을 '번개'에 비유)

다른 시각에서 바라보기

다신 너를
그리워하지 않으려고
지금 잘하려고 해

_시간

## 오늘의 글쓰기 수업

모든 글에서 반드시 화자가 '나'일 필요는 없습니다. 예시처럼 '시간'이 '너'가 안 된다는 법도 없고요. 다른 시각에서 바라보는 가장 좋은 방법은 바로 '의인화'입니다. 살아있지 않은 어떤 것을 의인화하여 그곳에 이입해 보세요.

일본 작가 나쓰메소세키의 《나는 고양이로소이다》를 보면 이 사람이 고양이가 아닌가 싶을 정도로 디테일하게 고양이의 시점에서 이야기가 진행됩니다. 글 속에서 우리는 고양이가 될 수도, 벽에 걸린 액자가 될 수도, 몇 천 년을 같은 자리에 서 있는 나무가 되어 볼 수도 있는 거죠. 다만, 다른 시각으로 바라볼 땐 철저하게 화자에 이입할 것!

철저하게 이입하라고 해서 꼭 1인칭 시점에서 글을 쓸 필요는 없습니다. 아래 예시를 꼼꼼히 보세요. '다른 시각'을 1인칭 시점과 3인칭 시점으로 나눠 보았습니다.

이번 예시는 좀 어려울 수 있어요. 우리는 지금 기존에 가지고 있던 통상적인 관념이나 굳어 있는 창의력을 깨부수는 과정 중에 있답니다. '틀'이라는 건 오랜 시간 동안 자리를 잡은 만큼 쉽게 깨지지 않아요. 이번 예시는 문장 자체에 초점을 두지 말고, '어떻게 틀을 깼는가, 어떤 시각을 가지고 사물을 바라봤는가, 얼마나 생생하게 이입했는가.'를 중점적으로 보도록 해요.

## 1. 1인칭 시점 – 나무

〈나무에서, 죽음 : 휴지〉

깨어나니 내 곁에 더 이상 생명은 없었다. 고약한 먼지가 몸의 구석구석 눌러붙어 있었다. 정신을 차렸을 때, 나는 이미 절망과 함께하는 몸이 되어 있었다.

온갖 더러움을 임무처럼 훔쳐 냈다. 애당초 수치심이라곤 내 것이 아닌 것처럼 돌돌돌, 숨김없이 벗겨졌다. 떨어진 음식, 배변, 눈물, 콧물, 버려진 무언가까지. 내 몸에 닿는 것들은 죄다 부정적인 것뿐이었다. 부주의, 슬픔, 아픔을 늘 지켜보았다. 나보다 이들과 가까이 닿아 있는 것은 없었다.

생명력이 넘치던 이전과 달리 나는 죽어 있었다. 겉에 두른 흰 옷이 완전히 벗겨져, 더는 부정적인 것들을 가까이 하지 않아도 되는 그때, 나는 비로소 혼자가 되었다. 쓰레기 더미 속에 내던져지면서, 부정적인 것에 '쓰이는 순간'마저 그리워진 것이다.

나는 더 이상, 나무가 아니라 휴지라 불렸다.

〈나무에서, 탄생 : 종이〉

깨어나니 내 몸은 그 어떤 것보다 깨끗했다. 바람에 손쉽게 펄럭이기도 하고 물 한 방울에 자욱이 남는 연약한 존재가 되어 있었다. 계절의 변화를 견고히 견디던 과거와는 전혀 다른 모습이었다.

나는 늘 타인과 함께였다. 몸을 간질이는 잉크가 몸 구석구석을 헤집을 때마다 난 채워졌다. 나에겐 약속이나 계약, 낙서나 러브레터 따위의 아주 사소함부터 중대한 일을 아우르는 다양한 기록을 위해 존재했다. 나의 존재는 의미 있었다. 나는 '쓰이는 순간'이 좋았다. 일기는 타인의 속내를 알 수 있었고, 낙서는 쓰다만 미숙함까지 들여다볼 수 있었다. 타인은 나에게만 유난히 솔직했다. 나는 누군가의 마음을 손쉽게 여는 편안함이 있다고 믿었다.

나의 새로운 이름은 종이였다.


두 글의 화자는 '나무'입니다. 같은 뿌리에서 자란 나무는 휴지와 종이로 각각 새로 태어났죠. 예시에선 이 다른 존재를 '죽음'과 '탄생'으로 바라보며, 두 화자의 이야기를 일인칭 시점으로 담고 있습니다.


휴지는 자신을 '쓰며' 사람들에게 도움을 주는데, 종이는 반대로 '쓰이며' 사람들에게 도움을 줍니다. 이 상반된 성질을 이용해 두 화자를 '죽음'과 '탄생'으로 대조시킨 것이죠. 거기다 둘의 공통점은 '나무'라는 키워드가 있으니 글 소재로 제격인 셈이네요.

## 2. 3인칭 시점 – 꽃

꽃에게 사랑이란 꺾어지거나 남겨지는 것이라서
다가오는 것만으로 두려움에 흠칫 몸을 떨고

꽃은 아름다운만큼 이별이 잦아지는 것이라서
곤두서는 신경으로 주변을 찌르고
꽃은 저무는 동안 잊혀지다 버려지는 것이라서
가시를 돋우고 향기를 지우고

이번엔 3인칭 시점의 '다른 시각'입니다. 직접 '꽃'이 된 것이 아니라 '꽃'을 관찰하는 관찰자 입장이죠. 화자는 멀리서 꽃의 기구한 운명을 바라보고 있네요.

이처럼 독창적인 글을 위해서 어떤 것도 되어 볼 수 있어야 합니다. 살아 있는 것이든 죽어 있는 것이든 상관없습니다. 글이라는 세계에서만큼은 하늘같은 대자연부터 먼지같은 미세한 존재까지 모든 걸 경험할 수 있으니까요.

**0**
**1**

'반려견의 하루'를 1인칭 시점으로 써 보세요.

**0**
**2**

'카페 안 액자의 점심시간'을 3인칭 관찰자 시점으로 써 보세요.

나는 커지고 다른 건 작아질 거야
현실이 장난감처럼 가벼워질 거야
모든 걱정은 바닥에, 나는 하늘에

_옥상

## 오늘의 글쓰기 수업

옥상에 올라가서 아래를 내려다볼 때 어떤가요? 건물들이 미니어처처럼 작아 보이고, 확 트인 공간이 널찍하게 느껴지죠? 옥상이라는 공간을 활용한 예시입니다. 이처럼 사물뿐만 아니라 공간을 통해서도 글을 써 볼 수 있는데요. 이번엔 공간의 틀을 깨는 방법을 살펴볼게요.

나는 지금 어디 있나요? 현재 속한 공간 이외 다른 공간을 상상해 봐요. 우리는 지금 틀을 깨고 있는 중입니다. 만일 내가 버스 안이라면 이곳을 버스로 인식하는 대신 '교실'이라고 생각해 보는 거예요. 아래 예시를 보세요.

운전기사 아저씨는 반장처럼 맨 앞 귀퉁이 자리를 차지하고 있다. 차례로 버스에 오르는 학생들은 "청소년입니다." "청, 청소년입니다." 돌림 노래를 부르며 줄지어 교실을 들어온다. 혹 그 사이에 성인이 끼어 있진 않은지 선도부처럼 감시하는 기사 아저씨의 눈빛이 예사롭지 않다. "카드 찍고 가세요!" 출석 체크를 깜박한 아주머니를 불러 세우는 아저씨의 목소리가 높아졌다. 아주머니는 수업 시간에 스마트폰을 쓰다 딱 걸린 학생처럼 비실비실 웃으며 카드를 꺼낸다.

밑줄 친 글씨를 주목하세요. 반장, 맨 앞자리, 돌림 노래, 교실, 선도부, 출석 체크, 수업 시간, 학생. 이 모든 건 교실에서 볼 수 있는 것들이죠? 이렇듯 상상하는 장소를 투영하는 방법은 그 공간의 표현을 물고 늘어져 '글의 분위기'까지 얻을 수 있다는 장점이 있습니다.
저는 버스를 교실에 비유했지만, 사람에 따라 버스가 놀이동산이 될 수도, 감옥이나 근처 카페가 될 수도 있겠죠! 정해진 것은 없습니다.
현재의 공간에 다른 공간을 불러 보세요.

# 0
# 1

'동굴'을 '입속'에 빗대어 주변 상황을 마음껏 상상해서 써 보세요.

# 4장 목적 설정

## 내가 하고 싶은 말은

아, 아, 아
있잖아... 사실은...
음, 저기 말야..

이제 글을 쓰기 전 갖춰야 할 것들은 모두 짚었습니다. 마지막으로 중요한 역할이 하나 남았네요. 바로 목적 설정! 나는 이 글을 왜 쓸까? 무엇을 쓸까? 어떻게 쓸까? 글의 방향을 정하는 건 '글'이라는 건물을 세울 때 필요한 설계도와 같습니다. 설계도 없는 건물은 없듯 글 역시 목적이 분명해야 좋은 글이 나올 수 있답니다. 우리는 이 단원에서 글의 설계도를 그려 볼 거예요!

# 0
# 9

무엇을 쓸 것인가

당연하게 느껴지는
모든 것에 신물이 난다.
없어지면 다시 찾을 거면서.

_가진 것들에 대하여

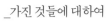

## 오늘의 글쓰기 수업

예시 글의 주제를 한 문장으로 말할 수 있나요? '가진 것의 소중함을 알아라.' 정도로 정리해 볼 수 있겠네요. 그래서 제목은 '가진 것들에 대하여'라고 했죠. 드라마나 영화도 마찬가지지만 글에서 '제목'은 '주제'를 함축해서 보여 주는 역할을 합니다. 더 포괄적으로 질문해 볼게요. 저는 무엇을 쓰고 싶었을까요? 저는 '인생'에 대한 글을 쓰고 싶었어요.

청춘, 인생, 가족, 친구, 위로, 사랑, 이별. 나는 어떤 장르의 글을 쓰고 싶나요? 처음부터 장르를 정하기 어렵다면 현재 나의 최대 고민을 글로 풀어써 봐요. 나는 어떤 장르로, 어떤 주제의 글을 쓸 건가요?

진심이 담긴 글은 서투르더라도 전달하고자 하는 바가 분명하기 때문에 호소력이 생깁니다. 반대로 '글을 위한 글'은 의미가 없을뿐더러 설득력이 부족하겠죠. 지금 당장, 내가 가장 진심을 담을 수 있는 주제를 선택해 봅시다. 우선 다양한 주제로 예시를 들어 볼게요.

청춘 〉도전도 실패도 아깝지 않을 때
인생 〉문제와 위기가 선을 이룬 삶
가족 〉뭐든 이해할 수 있는 사이
친구 〉언제 만나도 든든한 존재
위로 〉늘 힘이 되는 말 한 마디
사랑 〉사랑한다고 다 이해하긴 어려운
이별 〉평생 익숙해질 수 없는 순간

무엇을 쓸지 정했다면 이제 짧은 글을 써 볼 차례네요. 주제를 정했다면, 다음 장에서 '어떻게 쓸까'를 배워 볼게요.

# 0
# 1

내가 쓰고 싶은 글의 장르를 적고, 그 세부적인 주제도 정해 보세요.

예 사랑 〉이해 〉서로를 이해하는 것

　인생 〉우리는 늘 바쁘다

곁에 없어도
있는 것 같은
든든함

_의지

## 오늘의 글쓰기 수업

'의지'라는 제시어가 있습니다. 어떤 글을 쓰고 싶나요? 예시처럼 '의지' 단어 자체의 뜻을 한 문장으로 정의할 수도 있고, 의지했던 상황을 떠올리며 글을 쓸 수도 있습니다. 한 문장을 한 줄로 쓸지, 세 줄로 나눠 쓸 건지에 따라 느낌이 확 달라지는 건 물론이고, 글의 길이나 표현 방식에 따라 분위기 또한 달라집니다. 어떻게 쓰나에 따라 글의 이미지가 변하는 거죠.

주제를 정했다면 이번엔 '어떻게' 쓸 건지 고민할 차례입니다. 물론 글은 계속해서 변하기 때문에 '어떻게 쓸 것인가'를 정해 놓아도 글의 방향이 끝까지 유지되진 않습니다. 그럼에도 불구하고 '어떻게'를 고민하는 이유는 이제 막 글쓰기를 시작한 분들이 길을 잃지 않고, 글쓰기 과정을 좀 더 쉽게 접근할 수 있도록 도와주는 나침반 역할을 하기 때문입니다. 글 형식의 경우, 원하는 글의 스타일이 있다면 롤모델을 정해 여러 편 읽어 보는 것도 좋습니다.

앞 장에서 다뤘던 여러 가지 주제 중 '가족'을 발전시켜 볼게요.

가족 〉 뭐든 이해할 수 있는 사이

주제를 좀 더 구체적으로 고민해 봐요. 가족끼리 뭐든 이해한다는 건
어떨 때 느껴지나요? 잘못을 했는데 별말 없이 서로를 이해할 수 있
고, 싸워도 남처럼 앙금이 남지 않죠. 원망할 때도 있지만 결국엔 사
랑하기 때문에 영원히 미워하기도 힘듭니다. 이를 토대도 짧은 글을
완성해 볼게요.

이유를 듣지 않아도 이해하고
원망하면서도 결국엔 사랑하는
〈가족〉

한 번에 쓰기 어렵다면 세부적으로 단계를 나누는 방법도 있습니다.
위에서 배운 '무작정 쓰기'를 중간 과정에 넣는 거죠. 주제를 정하고,
쓰고 싶은 글을 나열한 뒤 구체적으로 고민한 주제를 짧은 글로 정리
해 봐요.

㉠ 무엇을 쓸 것인가 : 주제를 정해 한 줄로 정의
㉡ 무작정 쓰기 : 한 줄로 정의한 내용을 바탕으로 생각나는 대로 무작정 쓰기
㉢ 짧은 글쓰기

# 0
# 1

**앞 장의 주제를 어떻게 쓸 건가요?**

예 사랑 〉 사랑한다고 다 이해하긴 어려운

# 0
# 2

**위 글을 토대로 짧은 글을 완성해 보세요.**

예 내 마음처럼 / 생각해 주면 / 좋을 텐데

# 어떤 인사말을
# 해야 할까요?

인사말로 새해 인사, 연말 인사, 명절 인사, 안부 인사. 축하로는 축사, 취업 축하, 승진 축하, 졸업 축하, 출산 축하 등 우리는 수많은 인사를 주고받으나 정작 기억에 남는 인사는 많이 없습니다.

사람들이 가장 간단한데도 늘 궁금해하고 어려워하는 것이 바로 인사죠! 명절이 다가오면 인터넷 검색어 1위에 '설날 인사말', '추석 인사말'이 오른다고 해요. 인사에도 다양한 형식이 있습니다. 아래의 세 가지 인사말 형식을 참고하여 나만의 인사말을 정성껏 만들어 봐요.

### 1. 인용하기

**새해**

<u>스티븐 잡스는 "우리는 우리가 이룬 것만큼 이루지 못한 것도 자랑스럽습니다."</u>라고 말했습니다. 지난해의 이루지 못한 것들을 사랑하며, 올해 목표를 새로 세워 활기찬 새 출발을 함께 도약해 봅시다.

시험 응원

우리는 늘 쉬운 언덕보단 어려운 고개를 더 자주 만나죠. 어려우면 어려울수록 문제를 해결하기 위해 많은 노력과 눈물이 필요한 법이니 너무 힘들어 하지도 말고, 시련은 이겨 낸 만큼 성장한다니 결과보단 부담 갖지 말고 최선을 다하는 데 집중하도록 하세요.

인용도 두 가지 방법이 있어요. 한 가지는 유명한 인물의 말을 인용하는 것과 또 하나는 누구나 알법한 인생의 교훈을 인용하는 방법입니다. 다만, 인용 방식의 인사말은 되도록 윗사람에게는 사용하지 말고, 친구나 아랫사람에게 사용하도록 해요. 인용은 얼핏 상대에게 가르친다는 느낌을 줄 수 있으니까요.

## 2. 직유법 사용하기

명절날 안부를 보낼 때 가장 많이 사용하는 것이 직유법입니다. 직유법은 의외로 실생활에서 많이 쓰이고 있어요. 용어의 등장에 겁먹지 말고 아래 예시를 보도록 해요.

추석
㉠ 꽉 찬 보름달처럼 풍성한 한가위 보내세요.
㉡ 밝은 보름달처럼 행복한 추석되시길 기원합니다.
㉢ 넓은 들녘처럼 마음까지 넉넉해지는 풍성한 한가위 되세요.

추석에 가장 많이 쓰이는 인사말입니다. 직유란 '~같이', '~(하)듯', '~인 양'과 같이 말하고자 하는 것을 다른 것에 빗대는 것을 말합니다. 위의 인사말을 참고해 직유를 통한 나만의 인사말을 만들어 봅시다. 먼저, 추석에 대한 단어들을 무작위로 늘어놔 볼까요?

**추석**

명절, 9월, 송편, 곡식, 가족, 차례, 성묘, 보름달, 강강술래, 풍족한, 넉넉하다, 모인다

그럼 이제 위에 쓴 것들을 이용해 인사말을 만들어 볼게요.

안녕하세요, 항상 인자한 미소로 많은 것을 가르쳐 주시는 부장님! 늘 배우고 있습니다. <u>꽉 찬 보름달처럼</u> 풍성함이 깃든 추석되시길 바랍니다.

그럼 친구에겐 어떤 식으로 적용해 볼 수 있을까요?

친구야, 추석에 잔뜩 먹고 달덩이 같은 네 얼굴, 더 <u>빵빵한 얼굴</u>로 보자!

이렇게 써도 흔한 인사말인 것 같다고요? 그럼 아래 방법까지 이용해 보자고요.

## 3. 개인 맞춤형

사실 인사말이 흔한 이유는 누구에게 써도 이상하지 않은 말들로만 이루어져 있기 때문입니다. 그렇다 보니 상투적인 인사는 복사, 붙여 넣기를 한 듯 지루하고 감동이 없죠. 이런 흔한 인사말을 특별하게 바꿀 수 있는 한 줄이 바로 '관찰'입니다. 맞춤형 방법은 상대의 '관찰'이 필요합니다. 그 사람의 세세한 버릇이나 장점을 알아둬야 하죠. 그 사람을 잘 모른다면 잠깐 스쳤던 순간을 써도 좋습니다. 아래 예시를 보세요.

### 명절 인사 (교수님)

안녕하세요, 교수님!
한 해 동안 교수님 수업을 받으면서 서적에선 배울 수 없는 인생의 진리를 깊이 있게 다뤄 주셔서 많은 것을 배웠습니다. 수업 시간이 늘 뜻깊고 재 밌었습니다. 새해 복 많이 받으시고 올해도 건강하고 행복한 한 해 보내세요.

### 결혼 축하 (상사)

요리까지 잘하는 섹시함, 운동을 좋아하는 남성인데다가, 일까지 꼼꼼하신 대리님! 결혼을 진심으로 축하드립니다. 연애하는 2년간 대리님이 얼마나 팔불출이었는지 아시면 신부님께서 무척 행복해하실 거예요. 알콩달콩 깨 볶으며 검은 머리 파뿌리 되도록 잘 사시기 바랍니다.

위의 경우엔 상대를 겪어 봤고 잘 아는 사람이 할 수 있는 이야기겠네요.

### 새해 인사 (거래처)

안녕하세요, 실장님. 잘 지내고 계시죠? 지난 OO카페에서 미팅 때 봤던 노란색 바바리 코트가 생생한데 벌써 그게 가을이더랍니다.
어느새 새해가 왔습니다. 올해도 잘 부탁드리며, 저희 OOO기업에서도 우직하게 OOO기업을 지원하겠습니다. 실장님, 건강하시고 뜻하는 바가 모두 이루어지셨으면 좋겠습니다.

### 연말 인사 (상사)

안녕하세요, 부장님. 잘 지내고 계시죠? 작년 면접관으로 앉아 계시던 모습이 엊그제 같은데 벌써 제가 입사한지 일 년이 되었습니다. 정신없이 한 해가 저물었네요. 올해도 고생 많으셨습니다. 내년에도 더 많은 가르침 부탁드리고 더 열심히 배우겠습니다. 남은 해도 행복하게 보내시고, 내년에는 더욱 행복한 한 해가 되시길 기원하겠습니다.

잘 알지 못하는 사람일 때에는 그 사람과 만났던 날의 사소한 순간을 슬쩍 인사말에 집어넣는 것도 좋은 방법입니다. 수많은 새해 인사, 연말 인사 중에 살아남고 싶다면 나만 쓸 수 있는 '그 사람의 무언가'를 인사말에 함께 적어 보세요.

흔한 인사말을 돋보이는 일이란 여간 어려운 일이 아니죠. 진심과 조금의 섬세함을 곁들이면 상대도 성의를 알아줄 거예요. 세 가지 방법을 적절하게 모두 이용해 5줄 이하의 인사말을 만들어 봐요.

# 실전! 짧은 글쓰기의 기술

# 1장 단어 쇼핑

글도 옷이 날개···

오호~
내 살들을 감출 수 있는
우주복이 최곤데!

글에게 옷이란 무엇일까요? 바로 단어입니다. 이제는 단어 쇼핑을 해 볼 텐데요. 글을 처음 쓸 땐 단어장을 만들어 놔도 막상 쓸 땐 뻔하고 반복적인 단어만 떠오릅니다. 좀 더 다양한 단어를 쓸 순 없을까요?

이번 장에선 앞에서 만들어 놓은 단어장을 토대로 단어를 적재적소에 사용하는 방법을 배워 볼 거예요. Part2에서 배운 게 '단어 정리'였다면 이번엔 '단어 쓰는 법'인 셈이죠. 이제부터 나오는 실전 이론은 익숙해질 때까진 시간이 걸리는 것들이니 여기서부턴 마음 단단히 먹어야 합니다!

아무래도 놓쳐 버린 그의 가슴이
상상 속에서 자꾸만 넓어졌다.

_이별 후

## 오늘의 글쓰기 수업

단어 정리도 물론 정성어린 작업이었지만, 단어장을 마냥 적어 두기만 해서는 안 됩니다. 더 빠르고 효과적인 방법을 원한다면 단어장을 꼭 활용해 보세요.

예시에서 만일 [놓쳐 버린 그가 다시 그리워졌다]라고 했다면 어땠을까요? 상당히 밋밋한 글이 되지 않나요? 단어를 활용하면 이런 밋밋한 글을 '나만의 표현 방식'으로 탄생시킬 수 있는데, '단어의 재배치'라고 생각하면 쉽습니다.

단순히 [놓쳐 버렸다]라는 서술어는 누구나 쓸 수 있죠. 그러나 [아무래도 놓쳐 버렸다]는 함께 나란히 세워 둠으로써 '나만의 표현'이 됩니다. 마찬가지로 [놓쳐 버린 그가 그립다]라는 문장은 누구나 쓸 수 있지만, [놓쳐 버린 그의 가슴이 상상 속에서 넓어졌다]라고 하면 그리움이 구체적으로 이미지화 되면서 '나만의 표현' 방식이 됩니다.

단어장을 훑어본 다음 너무 흔해 보이는 단어를 형광펜으로 표시해 보는 거예요. 문장이 당장은 이상하더라도 초안은 생각나는 대로 써 봐야 한다는 거 기억하시죠? 초고는 초등학생처럼! 당장 떠오르는 느낌을 기록하는 게 중요하답니다.

## 1. 〈자주 쓰는 단어〉 대체하기

〈자주 쓰는 단어〉를 기록하는 이유는 단어를 덜 쓰기 위해서 입니다. 그럼 나의 글에서 숱하게 등장하는 이 단어들을 어떻게 바꿀 수 있을까요? 아래는 〈자주 쓰는 단어〉가 들어간 쉬운 문장입니다. 단어를 〈자주 쓰지 않는 단어〉에서 가져와 바꿔 볼게요. (Part2 2장 참고)

㉠ 뾰족하다　뾰족한 모서리에 찔렸다 → 첨예한 모서리에 찔렸다
㉡ 능글맞다　그는 능글맞은 말투로 교활하게 상황을 요리조리 살폈다.
　　　　　　　→ 그는 노회하게 상황을 살폈다.

㉠에서는 [뾰족한]을 [첨예한]으로 바꿔 '단어를 대체'했습니다. ㉡에서는 [경험이 많고 교활한]이란 뜻을 가진 [노회하다]로 '뜻을 대체'했는데, [능글맞은 말투와 교활]을 한데 묶어 [노회한]으로 함축한 것입니다. 이처럼 완전히 같은 뜻을 가진 단어는 없기 때문에 단어 대체만으로는 똑같은 문장을 만들기 어렵습니다. 그럴 땐 뜻이 같도록 문장을 조금 수정해 보세요. 이 과정에서 좀 더 다양한 문장이 나올 수도 있으니 실력을 높이는 데 이만한 방법이 없겠죠?

## 2. 〈자주 쓰지 않는 단어〉로 문장 만들기

자주 쓰지 않는 단어를 사용해 보는 건 생소한 단어의 느낌을 보다 정확히 알기 위해서입니다. 그 단어로 문장을 만들어 보세요.

첨예하다  형) 1.날카롭고 뾰족하다 2.상황이나 사태 따위가 날카롭고 격하다
문장 ㉠ 첨예한 모서리에 찔렸다.
　　　 ㉡ 첨예한 토론이 계속되자 사람들은 점점 지쳐갔다.

노회하다  형) 경험이 많고 교활하다.
문장 ㉠ 그는 노회하게 상황을 요리조리 잘도 살폈다.

단어의 뜻을 낱낱이 살피고 그 예시까지 제대로 이해했다면 비슷한 다른 문장을 만드는 게 전혀 어렵지 않습니다. 문장 하나를 만들고 나면 나중에 단어 뜻이 정확하게 기억나지 않더라도 단어가 말하고자 하는 느낌은 선명하게 남아요. 이런 훈련을 반복적으로 하다 보면 느낌뿐만 아니라 생소했던 단어가 친숙하게 다가올 거예요.

## 3. 소리 내어 읽기

〈자주 쓰지 않는 단어〉를 하루에 한 번씩 처음부터 끝까지 소리 내서 빠르게 읽어 보세요! 그럼 어느 순간, 글을 쓰다 적절한 순간에 그 단어가 떠오를 겁니다. 〈자주 쓰지 않는 단어〉도 얼마든지 〈자주 쓰는 단어〉가 될 수

있답니다. 처음 단어장을 써 보는 사람에겐 어렵게 느껴질 수 있어요 그럴 땐 처음부터 무리해서 모든 걸 다 해내기보다 단어장 만드는 것부터 차근차근 시작하는 게 좋습니다. 우선 단어장에 먼저 익숙해지고, 그 다음 소리 내어 읽는 정도로만 활용하다 추후에 한두 번 연습하는거죠.

처음부터 너무 많은 것을 하려고 하지 마세요! '글'이라는 성질 자체가 어느 정도의 시간을 필요로 하기 때문에 익숙해지기 전까지는 부담 없이 천천히 접근하는 것이 중요합니다.

# 0
# 1

**다음 단어를 사용해 문장을 만들어 보세요.**

예) 뽀족하다 → 뽀족한 모서리에 찔렸다

능글맞다 → 그는 능글맞은 말투로 교활하게 상황을 요리조리 살폈다.

꾸짖다 _____

공정하다 _____

흩어지다 _____

술렁이다 _____

도망치다 _____


# 0
# 2

**위에 썼던 문장을 사용하되, 다음 단어를 대체해 뜻이 같도록 새 문장을 써 보세요.**

예) 뽀족한 모서리에 찔렸다 → 첨예한 모서리에 찔렸다

그는 능글맞은 말투로 교활하게 상황을 요리조리 살폈다. → 그는 노회하게 상황을 살폈다.

꾸짖다 _____

공정하다 _____

흩어지다 _____

술렁이다 _____

도망치다 _____

가까워질수록 멀어질 수 없는 마음인데
겁 없이 시간을 쓰고, 마음을 쓰고,
대답 없는 마음에 공을 들입니다.
변명의 가능성을 불미스럽게 상상하고,
그 마음의 끝은 늘 부정적이었습니다.

_의심에 관한 고백

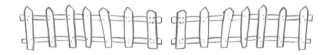

**오늘의 글쓰기 수업**

자주 쓰인 단어를 형광펜으로 표시해 봐요. 자주 쓰인 단어가 한 눈에 보이나요? 예시에선 '마음'이란 단어의 중복이 많네요.

우리는 비슷한 뜻으로 알고 있는 단어가 10가지라면 그 중 편한 단어를 찾아 씁니다. 비슷한 단어는 어떻게 색다르게 바꿔 볼 수 있을까요? 앞에서 배웠던 〈자주 쓰는 단어〉 대체하는 방법을 좀 더 자세히 배워 보도록 해요.

같은 단어의 중복이 많아지면 글에서 말하고자 하는 바가 분명하게 보이지 않습니다. 단어를 대체하는 방법은 두 가지가 있습니다. 비슷한 단어와 비슷한 문장으로 대체하는 건데요. 두 가지 방법을 통해 하나씩 단어를 고쳐 볼게요.

## 1. 비슷한 단어로 대체하기

마음을 대체할 수 있는 단어를 먼저 적어 볼게요. 꼭 뜻이 같을 필요는 없습니다. 같은 맥락에서 사용할 수 있는 단어들을 생각나는 대로 나열해 볼까요?

생각, 입장, 고집, 진심, 진실, 추측, 의식

떠오르는 단어를 무작정 나열했으면 문장에 '마음' 대신 대입시켜 보세요. 만일 대체 단어가 잘 떠오르지 않는다면 인터넷 사전에 검색하는 것도 좋은 방법입니다. 요즘 사전에는 유의어와 반의어까지 함께 검색되니 참 편한 세상이죠?

가까워질수록 멀어질 수 없단 걸 알면서도
겁 없이 시간을 쓰고, 마음을 쓰고
대답 없는 진실에 공을 들입니다.
변명의 가능성을 불미스럽게 상상하고,
추측의 끝은 늘 부정적이었습니다.

첫 번째 문장에선 중복을 피하기 위해 '마음' 단어를 아예 뺐고, 그 외 '마음'은 '진실, 추측, 생각'으로 대체되었네요. '마음'의 중복을 없애니 훨씬 더 매끄럽고 정돈된 느낌이 들죠?

## 2. 비슷한 문장으로 대체하기

이번엔 단어 말고 '문장'을 바꿔 볼게요. 대체 단어라면 흔히 단어만 바꾼다 생각하기 쉬운데 글은 단어, 조사, 서술어 등으로 이루어지므로 문맥을 고려해 문장을 비슷하게 바꾸는 방법도 있답니다.

쏟아지는 의심을 내 생각만으로 대답하기 힘이 들어,
확신을 얻고자 물었으나, 반면에 나는 초라해졌습니다.
이해를 위해 깊이 생각하고 또 생각했으나
기울어진 생각은 깊어서는 안 되는 것이었습니다.

이 문단에서만 '생각'이란 단어가 4번이나 등장하네요. 이 글은 어떻게 바꿀 수 있을까요? '생각'을 대체할 수 있는 단어로는 대략 '상상, 의견, 입장, 예상, 예측, 고민, 마음' 정도가 있습니다.

쏟아지는 의심을 나의 예측만으로 대답하기 힘이 들어,
확신을 얻고자 물었으나, 반면에 나는 초라해졌습니다.
오해 없는 이해를 위해 깊숙한 생각만을 해 왔으나
비딱해진 마음은 깊어서는 안 되는 것이었습니다.

첫 문장에서 '생각'은 '예측'으로 대체되었습니다. 만일 앞뒤 문맥 파악을 전혀 하지 않고, '생각'을 '예측'으로 바꾼다면 말도 안 되겠죠. 하지만 예시에서 화자는 상대를 믿고 싶어 하며 자신의 생각이 단순한 '예측'이길 바라고 있습니다. 비슷한 단어라서 바뀐 단어가 아닌, 문맥을 고려한 대체 단어죠. [이해를 위해~]는 [오해 없는 이해를 위해~]로 완전히 탈바꿈함으로써 '생각' 단어를 한 번으로 줄였습니다. 마지막 문장은 [기울어진 생각]을 [비딱해진 마음]으로 대체했는데 이 역시 의심을 시작한 화자의 마음을 고려한 대체 문장이죠. 이처럼 단어의 뜻 차이가 있더라도 문맥과 상황을 고려해 충분히 다른 단어로 바꿔 볼 수 있습니다.

중복되는 단어를 하나 둘 고쳐 나가다 보면 내가 뭘 자주 쓰는지, 어떤 표현을 좀 더 조심해야 하는지 쉽게 파악할 수 있을 거예요. 거기다 다양한 단어를 쓰니 습작의 질이 높아지겠죠? 꼭 모든 단어의 중복을 피해야 하는 건 아니지만, 중복은 줄이면 줄일수록 지루함은 사라지고 문장은 깔끔해진답니다.

# 0
# 1

**다음 문맥에 맞게 표시된 단어를 비슷한 단어로 대체하세요.**

세월은 속절없다.

**나이가 속절없다.**

---

불안한 기분을 잠재웠다.

# 0
# 2

**다음 문장을 뜻이 비슷하도록 다른 문장으로 자유롭게 바꿔 보세요.**

틀린 줄 알고 떠나보낸 과거의 연인이 그리웠다.

**틀렸다며 스쳐 간 인연이 떠올라 괴로웠다.**

---

마음이 바닥에 주저앉아. 시멘트의 찬 기운을 고스란히 느꼈다.

추억이 아닌 곳엔 아니어서 네가 있고
추억인 곳엔 보다 선명한 네가 있다.

_어딜 가나 네가

## 오늘의 글쓰기 수업

학창시절 우리는 이미 '대조법'에 대해 배웠습니다. 대조법은 반대되는 단어를 대조시켜 문장을 강조하는 방법인데요.

위 예시에서는 추억이 있는 공간과 추억이 없는 공간을 대조하며, '어딜 가나 네가 있는 상황'을 강조하고 있습니다. 대조법은 특히나 짧은 글에서 많이 쓰입니다. 뭔가를 강조하고 싶다면 반의어를 활용해 봐요.

짧은 글에 대조법을 적용시키는 두 가지 방법이 있습니다.

## 1. 대조 + 주관적 해석

만날 땐 운명인데 / 이별은 허무하다

〈뜻밖에〉

'만남'의 반의어는 '이별'이죠? 예시는 뜻밖에 만남은 '운명'같지만, 뜻밖에 이별은 아무것도 남지 않은 '허무 상태'라는 주관적 해석이 들어간 글입니다. 만남과 이별을 대조시킨 것이죠.

'만남-이별'은 바늘과 실처럼 늘 따라붙는 단어입니다. '운명'과 '허무'는 '뜻밖에'란 연결 고리가 없다면 대조될 수 없는 단어지요. 기존의 대조되는 단어를 내 식대로 해석해 보세요. 만남하면 뭐? 이별하면 뭐? 떠오르는 무언가를 적고 그걸 대조시켜 보는 거예요. 주관적 해석을 통해 나만의 글을 강조하는 거죠.

## 2. 대조 + 대조

몸은 늘 피곤한데 / 마음은 늘 활기차져

〈데이트〉

대조시킨 부분은 '몸-마음', '피곤하다-활기차다' 두 가지로 일반적으로 생각할 수 있지만, 결합하여 완전히 새로운 문장을 만들 수 있습니다.

# 0
# 1

**다음 빈칸을 대조되는 서술어로 채워 보세요.**

마음이 〇〇하자, 몸은 〇〇했다.

**마음이 동요하자 몸은 거부했다.**

_____

_____


만남은 〇〇인데, 이별은 〇〇다.

_____

_____

# 2장
## 말장난하는 법

입 맞춰 봤어?

부끄부끄~
일단 발부터 맞춰 볼까?
히히

이번에는 말장난에 속하는 글자수와 자음 맞추기를 해 볼 건데요. 앞서 단어 수집에서 강조했던 '라임'을 위한 실전입니다. 짧은 글에 특히 많이 쓰이는 기술이기도 하죠. 짧은 글을 멋스럽게 만들어 주는 작업이거든요. 발음이 같도록 입을 맞춰 보세요. 이 기술만 잘 익혀 두더라도 무자비하게 쓴 글자에, 생각지 못한 멋진 옷을 입힐 수 있답니다.

글·자·수· 맞추기

사랑만큼
서운함도
커지잖아

_더 좋아져서 그래

**오늘의 글쓰기 수업**

되~게 간단한 문장 같은데 제목까지 보니 어쩐지 공감이 가면서 와 닿지 않나요? 글자수를 4자로 짧게 맞춘 뒤 제목으로 포인트를 준 예시입니다.

시조나 시에도 운율이 있죠. 짧은 글도 글자수만 맞춘다면 한껏 멋 부린 문장으로 재탄생될 수 있습니다. 글자수는 어떻게 맞출까요?

글자수를 맞추기 위해선 단어, 조사만 적절하게 사용해야 합니다. 예시를 하나 더 볼게요.

있는 동안 몰랐는데
없는 순간 피곤해져
〈데이트가 끝나면〉

예시는 두 개 문장인데 [2/2/4]로 글자수를 맞췄습니다. 숫자의 기준은 띄어쓰기고요. 이처럼 글자수를 맞추려면 어떻게 해야 할까요? 정답은 바로 '삭제'랍니다. 예시의 초안은 [네가 있는 동안 몰랐는데, 헤어지고 나면 피곤이 몰려온다.]였습니다. 첫 번째 문장의 [네가]는 쓸모없는 주어이므로 뺐고, 두 번째 문장에서는 [헤어지고 나면]을 [없는 순간]으로, [피곤이 몰려온다]를 [피곤해져]라고 간단하게 줄였습니다.

짧은 문장끼리 글자수를 맞추니 가독성이 높아지고, 운율이 살아났죠?

# 0
# 1

**다음 상황을 글자수 맞춰 글을 작성하세요.**

말다툼을 하다 연인이 "헤어지자"고 돌아섰고, 상대의 뒷모습을 바라보는 상황

**돌아서는 네 모습 / 잡지 못해 힘들어 (4,3자 / 4,3자)**

친구에게 쌓아 뒀던 불만을 말해 놓고, 너무 세게 말한 건 아닌지 신경 쓰이는 상황

내 맘은 그게 아닌데
네 맘도 그건 아닌데
우리 다, 이건 아는데

_사랑싸움

## 오늘의 글쓰기 수업

자음 맞추기란, '언어유희'를 떠올리면 쉽습니다. 발음이 비슷하게끔 글자를 배열하면 평범한 단어로도 기억에 남는 글을 쓸 수 있어요. 말장난하는 가장 쉬운 방법 중 하나가 바로 이 자음 맞추기랍니다.

예시에서 자음을 맞춘 곳은 총 세 군데예요. '내 맘/네 맘'의 'ㄴㅁ', '그게/그건/이건' 'ㄱㄱ'과 'ㅇㄱ'로 비슷하게 맞췄고, '아닌데/아닌데/아는데'는 자음을 모두 'ㅇㄴㄷ'로 맞췄네요.
자음을 비슷하게 맞추면 이처럼 짧은 글을 재밌게 쓸 수 있습니다. 그러나 자음을 맞춘답시고 억지스러운 단어를 끼워 맞추거나, 주어나 서술어가 모두 같으면 자칫 성의 없어 보일 수 있어요. 예를 들어 예시에서 '아닌데/아닌데/아는데'가, 맨 마지막에 똑같이 '아닌데'로 서술어를 모두 통일해 버렸다면 지금보다 밋밋한 글이 됐겠죠?

자음을 맞출 때 중요한 또 한 가지는 '단어'입니다. 앞에서 왜 그렇게 단어를 심도 있게 다뤘는지 알겠죠? 아는 단어가 많아야 운율을 살리는 단어를 속속히 끄집어낼 수 있답니다. 그럼 예시를 하나만 더 볼게요.


잘 안다고 생각했던
너를 안아 주지 못했다.

아는 것과
안는 것은
달랐다.

〈주제넘은 위로〉


'안다'와 '안아'는 입 모양이 비슷해요. 자음은 'ㅇㄷ'와 'ㅇㅇ'로 한 글자 차이가 있으나, '다'와 '아'의 발음이 비슷하므로 함께 써도 실제 발음했을 땐 비슷하게 느껴진답니다.

**다음 상황을 자음을 맞춰 작성하세요.**

오늘 하루가 너무 피곤해서 가족에게 괜스레 짜증 냈을 때

*그러게 말 걸지 말랬는데 / 그렇게 피곤해 죽겠을 때*

*(그러게 / 그렇게) (말랬는데 / 죽겠을 때)*

_____


누군가 나한테 별 것도 아닌 일로 짜증 냈을 때

_____

_____

# 3장
## 매력 섞기

눈을 뗄·수·없게·

요즘엔 연예인도 단순히 예쁘고 잘생긴 것보다 '매력 있는 사람'이 대세죠. 콘텐츠가 넘쳐나는 세상에서 살아남으려면 매력은 필수 요소입니다. 글도 매력을 뚝뚝 흘리는 방법이 따로 있다는 걸 아시나요? 글에서도 매력은 중요한데, 글은 특히나 사로잡지 못하면 그대로 외면당해 버리기 때문이죠. 이 장에서 배우게 될 방법은 단순히 짧은 글 뿐만 아니라, 모든 글에 해당되는 매력적인 꿀팁이니 꼼꼼히 읽어 보도록 해요.

마음에 나이가 들었다.
사람을 적당히 대할 줄 알았고,
스치는 인연에 일일이 슬프지 않았고,
나를 사랑하지 않는 누군가에게
구태여 정성 쏟지 않았다.
내 마음은 늙고 지쳤다.

_연륜

## 오늘의 글쓰기 수업

마음에 나이가 들었다니! 첫 문장부터 아래 글을 간략하게 요약했네요. 예시의 제목은 바로 '연륜'입니다. 나이가 들수록 인간관계에 무뎌지는 것을 '마음에도 나이가 들었다.'는 문장 하나로 주제를 함축시켜 보여 주고 있어요.

첫인상은 3초면 결정된다고 해요. 3초는 뭘 말하는 것일까요? 바로 'Feel'입니다. 첫 문장도 마찬가지죠. 첫 문장에서 Feel이 오지 않는다면 다음 문장을 읽기 힘듭니다. 첫 문장의 역할은 바로 '다음 문장을 읽게 만드는 것'이라고 생각하면 돼요. 오랜 내공으로 첫 문장부터 감각적으로 쓰면 좋겠지만, 이제 막 글을 쓰기 시작했다면 아래의 네 가지 기술을 통해 '첫 문장 하나로 홀리는 법'을 배워 보도록 해요.

## 1. 호기심 자극

호기심을 자극하는 방법엔 여러 가지 있지만 여기선 이거 하나만 기억해요. '뜬금없는 무언가'! 뜬금없는 상황이 펼쳐지고, 뜬금없는 대화가 오고 가고, 뜬금없는 화자의 마음이나 생각을 등장시키면 독자는 "어 이게 뭐지?"라며 궁금증이 생깁니다. 그런 '뜬금없는 무언가'를 세 가지로 나눠 볼게요.

### ① 상황

남자는 병풍 뒤에 서 있다.

위 글처럼 첫 문장을 시작했다면 뜬금없는 상황이 펼쳐지니 몇 가지 의문점이 생깁니다. 남자는 죽은 걸까? 죽은 거라면 누워 있을 텐데 서 있다니 살아 있는 걸까? 남자는 숨은 걸까? 여러 추측이 난무합니다. 호기심을 자극하고 싶다면 추측이 난무할만한 상황을 던져 봐요.

### ② 대화

"왔어?"
"어."

뜬금없는 대화로 첫 문장이 시작되는 경우입니다. 화자는 누구인지,

대답하는 이는 왜 저렇게 딱딱하게 말하는지, 둘 사이는 어떤지, 어떤 상황인지 말해 주기도 전에 대화부터 던져졌죠. 이처럼 상황이나 대화가 갑작스레 전개되는 건 소설에서 주로 쓰이는 방법입니다.

### ③ 독백

하루가 길어졌다.

영화가 시작함과 동시에, 검은 화면이 등장하고 내레이션이 흘러나옵니다. 하루가 왜 길어졌는지 아무런 설명 없이 다짜고짜 화자의 목소리부터 들립니다. 감독이 되었다고 상상하고, 영화를 시작하는 첫 장면의 독백처럼 글을 시작해 봐요. 다른 설명 없이 화자의 마음이나 가치관부터 등장시켜 독자를 어느 한 순간으로 돌연 납치하는 겁니다. 갑작스런 초대에 독자들은 의아한 얼굴로 '그 순간'에 집중하겠죠?

## 2. 인용하기

인용은 앞으로 무슨 이야기를 할지 요약해서 보여 줍니다. 주제를 먼저 알고 보는 글은 조금 어렵게 쓰여도 독자가 쉽게 이해할 수 있다는 장점이 있죠. 인용 문장은 주로 칼럼이나 사설 같은, 주제가 또렷하게 드러나는 논설문 형식의 글에서 자주 사용됩니다. 아래 인용 예시를 볼게요.

## ① 사례

1638년 2월, 병자호란에서 패배한 인조는 검찰사 김경징의 처리를 놓고 골머리를 앓고 있었다.

– 서울신문 〈법과 원칙이 지켜지는 행복한 나라에서 살고 싶다〉, 문소영 논설위원

위의 글에선 법이 지켜지지 않는 최근 실망스러운 사례들을 나열하며, 1638년 병자호란 이후 인조가 김경징을 처리했던 일을 서두에 설명했습니다.

조선 중기의 문신인 검찰사 김경징은 병자호란 당시 강화도 방어 임무를 맡았으나 무사안일로 강화도를 함락당하고 말았는데, 엉뚱하게 충청수사 강진흔에게 죄를 물어 사약을 내렸습니다. 왜였을까요? 알고 보니 김경징은 인조반정의 공신이자 영의정 김류의 외아들이었던 거죠. 예나 지금이나 법과 원칙은 국민들에게만 엄격하다는 현세를 비판한 글이었습니다.

이처럼 비슷하지만 다른 사례를 인용해 비교 및 대조할 수 있습니다.

## ② 인용

'백만매택 천만매린'이라는 말이 있다. 백만금으로 집을 사고, 천만금으로 좋은 이웃을 얻는다는 의미다.

– 서울신문 〈층간 소음과 좋은 이웃〉, 박찬구 논설위원

위 글은 '백만매택 천만매린'이란 고사성어를 통해 층간소음으로 칼

부림까지 나는 세상을 비판했네요. 고사성어, 사자성어, 속담, 명언 등 유명한 말을 인용한 뒤 뜻을 풀이하고, 글을 써 보세요. 인용, 뜻풀이, 내 이야기까지, 세 번이나 언급하니 주제가 확실히 전달되겠죠?

## 3. 질문하기

질문하기는 자연스럽게 독자들의 궁금증을 유발시켜, 주제를 고민하도록 하는 방법입니다. 주제를 물어도 좋고, 앞에서 언급했던 주제와 관련된 사례나 고사성어, 속담을 통해 질문을 던져도 좋아요. 'OO에 대해 알고 있는가?', 'OO는 왜 오래가지 못할까?', 'OO는 왜 생겨난 걸까?', 'OO라고 들어 본 적이 있는가?' 등 이어질 글과 연관된 질문을 던져 봐요.

## 4. 결론부터

짧은 글에서 가장 자주 쓰이는 첫 문장은 바로 '결론부터' 형식입니다. 짧은 글은 문장 안에 말하고자 하는 바가 함축되어 있기 때문에 첫 문장에 결론이 나오는 편이 시선 끌기 쉽습니다. 다만, 첫 문장에 결론이 등장하려면 주제를 부각시킬 수 있는 단 한 문장이어야 한다는 점을 주의해야 해요. 예시를 하나 더 볼게요.

"나중에"란 말은 책임감이 없다.
맨 뒤로 미룰 만큼 중요하지 않음을 돌려 말한다거나
'얼마의 시간'이란 기약 없는 약속을 해 버리는 것
나중이란 약속은 더는 약속이 아님을
이젠 안다.
〈나중에〉

'나중'이란 정의는 [1. 얼마 시간이 지난 뒤 2. 다른 일을 먼저 한 뒤의 차례 3. 순서상이나 시간상의 맨 끝]입니다. '나중'이란 정의를 근거 삼아 "나중에란 말은 책임감이 없다."는 결론을 내렸고, 그 결론을 첫 문장에 등장시킨 거죠.

이런 첫 문장의 감각을 기르고 싶다면 칼럼, 사설, 논술, 에세이나 소설의 첫 문장을 주의 깊게 보세요. 특히 필력이 검증된 논설위원들의 칼럼을 위주로 보면 좋습니다. 칼럼은 특성상 A4용지 한 장짜리 분량에 확실하게 주제를 담는 글이기 때문에 대부분 첫 문장이 매력적으로 쓰였답니다.

# 0
# 1

다음 첫 문장을 시작으로 짧은 글을 완성해 보세요.

마음에 나이가 들었다.

사람은 미완성이다.

잡고 싶다고
매달릴 필요도
떠나고 싶다고
매정할 필요도

_인연

## 오늘의 글쓰기 수업

말하고자 하는 바를 짧은 글 안에 다 넣기도 바쁜데 어떻게 여운을 주나요? '귀에 걸면 귀걸이, 코에 걸면 코걸이'란 말이 있죠. 어떤 원칙이 정해져 있는 게 아니라, 둘러대기에 따라 이렇게도 되고 저렇게도 될 수 있음을 비유적으로 이르는 말입니다. 여운의 사전적 정의는 '가지 않고 남아 있는 운치'인데 이는 사람마다 다릅니다. 어떤 사람은 '열린 결말'로 끝나는 영화를 '여운이 남는다'라고 말할 수도 있고, 어떤 사람은 해석의 여지를 둔 영화를 보고 '여운이 짙다'라고 할 수 있으니까요.

예시의 문장이 만약 [잡고 싶다고 매달릴 필요는 없다. 물론 떠나고 싶다고 매정할 필요도 없다.]였다면 어땠을까요? 딱딱한 건 물론이고, 더 중요한 건 여운이 전혀 없죠. 예시는 문장을 끝맺지 않는 방법으로 여운을 주고 있습니다.

시는 왜 아름다울까요? 작가가 말하는 바와 관계없이, 독자에 따라 받아들이는 몫이 천지 차이기 때문입니다. 한용운님의 시, 〈님의 침묵〉에서 '님'은 종교의 절대자, 잃어버린 조국이나 사랑하는 여인과 같이 여러 가지로 해석됩니다. '님'을 어떻게 받아들이냐는 독자의 몫인 셈이죠. 해석의 여지를 남기는 동시에 여운을 주는 겁니다.

## 1. 명확한 설명 피하기

건너 듣는 네 소식에 마음 한 켠이 부서졌다.
듣지 말아야 할 것을 들어 버린 사람처럼
대답을 받아드는 순간, 그 무게에 짓눌렸다.
〈묻지 말아야 할 안부〉

'묻지 말아야 할 안부'가 옛 애인에 대한 소식인지, 친구의 소식인지 전혀 알 수 없죠. 정확한 이유와 상황이 들어간 글이 오히려 많은 사람들의 공감을 얻긴 더 어렵습니다. 사람들은 각기 비슷한 문제를 갖고 살긴 하지만, 속속 사정은 제각각 다르기 때문이죠. 여운을 남기고 싶다면, 독자가 처한 상황을 글에 대입해 볼 수 있도록 명확한 설명은 되도록 피하도록 해요.

## 2. 덜 끝내기

지나친 것을 기억하는 건 나의 몫인데
지나친 것을 잊게 하는 건 세월 몫이라
〈지나간 뒤에〉

원래 문장은 [지나친 것을 잊게 하는 건 세월 몫이라, 나는 과거를 놓으련다.]였습니다. 그러나 [과거를 놓는다]는 부가 설명이므로 과감히 잘라냈죠. 덕분에 덜 끝맺은 것처럼 마무리됐지만, 오히려 그 때문에 이전 글보다 여운이 짙게 느껴집니다.

# 0
# 1

**다음 문장을 주제로 여운이 남도록 짧은 글을 써 보세요.**

예 행복은 찾지 않을 때 진정으로 찾아온다.
    그리하여 우리는 마음을 놓았을 때 여유를 갖는 것이다.

→ 행복은 찾지 않을 때 진정으로 찾아오고
    마음을 놓아 주면 여유가 찾아오고

우리는 충동적인 실수를 늘 저지른다. 후회할 걸 알면서도 말이다.

행복은 전혀 예상하지 못한 사소한 데서 오는데, 우리는 대부분 사소함을 외면한다.

그래 많이 좋다가도
그냥 쉽게 놓고 싶어

_권태기

**오늘의 글쓰기 수업**

예시만 봤을 땐 "이게 뭐야?"라고 생각하지만, 〈권태기〉라는 제목을 보면 "아!" 하는 탄식이 나옵니다. 그리곤 글을 한 번 더 읽게 되죠. 이 글은 제목이 〈권태기〉이기 때문에 '반전'인 것입니다.

짧은 글의 반전은 바로 '제목'에 있습니다. 짧은 글이 유명하게 된 시초라고 할 수 있는 하상욱 작가의 글을 보면 보통 제목으로 반전을 주곤 합니다. 넌센스 퀴즈를 떠올릴 만큼 제목을 들으면 정답을 맞힌 사람처럼 무릎을 탁 치게 되죠!
이런 짧은 글의 반전도 종류가 있습니다. 반전 글은 어떻게 쓸 수 있을까요?

## 1. 사물 특성을 이용한 반전

<blockquote>
흔적을 말끔히 지웠는데

향이 너무 강해,

한동안 널 잊을 수 없었다

〈아세톤〉
</blockquote>

아세톤을 사랑에 비유한 글이죠. 아세톤은 향이 강해서 한동안 향이
날아가지 않는데, 그 특성을 이용해 '잊히지 않는 사랑'에 대해 썼네요.

## 2. 감정을 이용한 반전

<blockquote>
말하지 않는 걸

내가 무슨 수로 알아

〈오해〉
</blockquote>

주제를 정했다면 그 주제의 다양한 상황과 감정을 상상해 봐요. 반전을 넣고
싶다면, 어떤 한 감정이나 상태를 제목으로 두고 그것을 제시어처럼 사용해 글
을 쓰는 거죠. 주의해야 할 점은 제목을 보자마자 탄식할 수 있도록 제
목과 관련된 특성이나 감정만! 녹여야 한다는 점입니다. 제시어를 두고 쓰
다 보면 글 내용이 제시어와 완전히 다른 길로 새는 경우도 있는데,
그럴 땐 차라리 반전을 포기하세요!

# 0
# 1

다음 제시어의 특성을 이용해 짧은 반전 글을 써 보세요.

주말

5일보다 / 빠른 이틀

_____

_____

지갑

살 쪄도 걱정 마 / 한 달 안에 빠져

_____

_____

# 0
# 2

다음 감정을 설명할 수 있는 짧은 반전 글을 써 보세요.

그리움

잊고 사는 게 아니라 / 깊숙이 묻고 살아

_____

_____

실망

_____

_____

# 4장 감정 이해

## 남들도 다 아는 걸 정리하는 법 · · · · ·

감정에 솔직해지려니
왜 이렇게
머리가 무겁지?

짧은 글은 특별히 어렵지 않습니다. 얼핏 봤을 때 누구든지 쓸 수 있는 글처럼 보이죠. 그런데 막상 글을 쓰려고 하면 쉽게 써지지 않습니다. 왜일까요? 사람들은 의외로 자신의 솔직한 감정을 드러내는 데 익숙해 있지 않아요. 모든 마음을 다 드러내면 마치 발가벗겨진 듯한 느낌을 받기 때문이죠. 우리가 인터넷상에서 익명 활동을 편하게 생각하는 이유도 이 때문입니다. 이번 장에서는 우리 안에 숨어 있는 감정을 끄집어 낼 거예요.

누
구
나
·
쓸
·
수
·
있
는
글

전혀 예상하지 못한 순간 때때로 찾아와서
사소한 일이라며
못 본 척 놓쳐 놓고는
아직 오지 않았다며
뒷모습만 쫓고 있는지도

_행복

## 오늘의 글쓰기 수업

유명한 '콜럼버스의 달걀' 일화가 있습니다. 콜럼버스가 신대륙을 발견한 일을 두고 그를 시기하는 이들이 콜럼버스의 업적에 대해 '누구나 할 수 있는 일'이라며 비아냥거렸죠. 이를 들은 콜럼버스는 그들에게 달걀을 세워 보라는 문제를 냈습니다. 그러나 아무도 달걀을 세우지 못했고, 콜럼버스는 보란 듯이 달걀을 살짝 깨트려 깨진 달걀을 식탁에 세웠답니다. 사람들은 뭐라고 했을까요? "이게 뭐야! 이건 누구나 할 수 있는 일이잖아!"라며 분노했어요. 그러자 콜럼버스는 이렇게 말합니다. "누군가를 따라하는 것은 쉬운 일이나, 무슨 일이든 처음 하는 것은 결코 쉽지 않은 일입니다."라고요.

예시를 보세요. 예시에 대단한 미사여구가 있나요? 사람들이 몰랐던 사실을 발견했나요? 아니요. 누구나 아는 그 내용, '행복'의 한 부분을 포착해 글을 썼을 뿐입니다. 콜럼버스 일화가 아주 적절한 예죠. <u>단순하고 쉬워 보이지만, 누구나 쉽게 떠올릴 수 없는 것들이요.</u>
쉬워 보이는 글을 무시하지 말고, 써 놓은 글을 부끄러워하지도 마세요. 누구도 나와 완벽하게 같은 문장을 쓸 순 없으니까요. 누군가 나에게 "이런 건 나도 쓰겠다."라고 한다면 이렇게 말해 주세요. "너는 콜럼버스 달걀 일화도 모르나!"라고요.

말로 설명하긴 어려운데 느껴지는 무언가가 있을 때 사람들은 "아 그 거 있잖아, 왜, 그거."라며 명확하지 않은 설명을 하죠? 잡힐 듯 말 듯한 '그 문장'은 아무에게나 떠오르지 않아요. 짧은 글을 쓰는 연습을 꾸준히 해야 더 많은 아이디어가 샘솟는답니다. 결국 연습 없이 이루어지는 건 아무것도 없단 뜻이죠.

한 감정이나 사물에 대해 나만의 정리를 해 봐요. 누구나 다 아는 정의어도 상관없습니다. 나를 통해 나오는 정의는 다른 사람과 완벽하게 같을 순 없으니까요. 앞의 [09 무엇을 쓸 것인가] 장에서 배웠던 한 줄 정리랑 거의 비슷하죠? 네 맞아요, 누구나 다 할 수 있는 이 훈련을 앞으로 더 많이 해야 합니다. 다양한 글을 쓸 수 있도록 어떤 감정도, 어떤 사물도 그냥 지나치지 말아요.

애증 : 미워도 사랑하는 마음
지우개 : 지울수록 지운 부분은 깨끗한데 주변은 더러워진다.

한 줄로 정리하는 연습을 해 보세요. 누구나 알지만, 나를 통해 나오는 정의를 콜럼버스가 되어 발견하는 거예요!

## 0
## 1

감정 두 개, 사물 두 개를 골라 보세요.

예 행복/슬픔, 책상/의자

## 0
## 2

위에서 고른 두 개의 감정과 사물의 특징 하나를 한 줄로 써 보세요.

예 슬픔 : 슬픔의 순간만큼은 내가 가진 슬픔이 가장 크다

## 0
## 3

한 줄 정리를 가지고 각각 짧은 글을 완성해 보세요.

예 가장 힘들다고 한 적 없다/ 타인에 비해 덜 힘들다고/ 내 문제가 가벼운 건 아니니까

이유 없이 속이 상해
함께이고 싶은데
함께 있기 힘들고
누구보다 보고 싶다가도
다시는 보고 싶지 않아

_짝사랑

## 오늘의 글쓰기 수업

짝사랑할 때 어떤 기분이 들던가요? 아무것도 아닌 친절로 행복해질 수 있고, 무관심만으로 불행해질 수도 있어요. 혼자 사랑했다, 포기했다, 하루에도 수십 번 그 사람을 원망하고 용서하죠. 지금 제가 한 게 뭘까요? 짝사랑 설명? 바로 감정 나열입니다.

감정 나열이란 단어를 처음 들었을 땐 다소 생소할 수 있습니다. 솔직한 내 마음을 적어 보는 거죠. 이렇게 솔직한 감정만 가지고 공감을 불러일으킬 짧은 글을 뚝딱 완성할 수 있어요. 오히려 밑바닥까지 드러낸 감정이 훨씬 좋은 글을 불러오기도 하죠. 이번에는 철저하게 감정에만 의지한 글쓰기를 해 볼게요.

<u>감정 나열을 할 땐 다 쓰면 찢어 버릴 생각으로 나의 모든 감정을 담으세요.</u> 심지어 누군가는 절대 봐선 안 될 부끄러운 부분까지요. 그리고 그 안에서 감정을 정리해 보는 겁니다. 그럼, '짝사랑'의 감정 나열을 더 해 볼게요.

계속해서 먼저 말을 걸자니 자존심이 상하는데, 그렇게라도 말하지 않으면 이 사람과 대화할 수가 없다. 자존심을 굽히고 말 걸어 볼까 생각하면 또 한편으론 나를 우습게 여길까 봐 걱정이다. 말 한 마디 거는데 수십 가지 생각을 한다. 또 말을 걸어 봤자 무시당하면 그것대로 슬퍼지는 마음도 두렵다. 이럴 거면 그때 왜 나한테 친절하게 대했는지. 그건 단지 친절이었는지 아니면 호감이었는지 헷갈린다. 대놓고 물어보고 싶지만, 그랬다간 이 사이마저 끝날까 봐 그건 그거대로 겁난다. 이러지도 저러지도 못하는 내가 나도 답답하다.

짝사랑하는 사람의 변덕스런 마음을 두서없이 적었습니다. 다른 사람에겐 차마 말로 하기 부끄러울 수 있는 부분도 과감하게 적었죠. 짝사랑하면서 오는 조심스러움과 두려움, 이러지도 저러지도 못하면서 상대의 언행에 하루의 기분이 오락가락하는 상태입니다. 자, 이렇게 기분에 중점을 두고 쭉 적어 봤는데 어떤 감정을 끄집어내서 짧은 글을 써야 할지 보이지 않네요. 그럼 이제 이 감정들을 정리해 봐야겠죠?

# 0
# 1

한 주 중 가장 속상했던 일을 떠올려 보고, 그때의 기분을 나열해 보세요.

감 ·
정 ·
정 ·
리 ·

넌 분명 운명이었는데
운명이란 거,
생각보다 많더라.

_그때 했던 착각

## 오늘의 글쓰기 수업

먼저 예시를 보세요. 실컷 열 내던 짝사랑이 끝나면 허무해집니다. 운명인 줄 알았던 상대와 멀어지는 건 내 마음 하나 접으면 될 일이 었으니까요. 열 번 찍어 안 넘어가는 나무 없다더니, 열 번 찍을 용기 내기도 힘들어요. 아무것도 못 해 보고 끝난 기분이라 아쉬움이 큰데, 상대는 이런 내 마음을 전혀 모를 테니 답답하기만 합니다.

네, 눈치챘을지 모르겠지만 위는 '짝사랑이 끝난 뒤 감정 나열'입니다. 이제 감정 나열은 슬슬 감이 잡히죠? 이렇게 쓴 '감정 나열'의 감정만 확대해 보세요. 허무, 겁, 아쉬움, 답답 정도로 추려 볼 수 있겠네요. 엄청 쉽죠? 이게 바로 '감정 정리'입니다.

주된 감정에 집중하다 보면 화자의 마음이 정돈되고 캐릭터가 분명해져 좀 더 깊고 생생한 감정을 실을 수 있답니다.

그럼 앞 장에서 나열했던 감정의 주된 감정을 살펴볼게요.

당신의 그 말이 애정이었는지 친절이었는지
물어야 할 사람 대신 스스로에게 묻고,
말 한 마디 걸어 보고 싶다가도
결국 토라져 버리는 내 마음 때문에 도망가요
여전히 그리우나,
자존심으로 세워진 태연함으로 당신을 대하고
결국 미워져 버리는 마음으로 풀 죽은 하루를 보내죠.
〈나를 사랑하지 않는 그대에게〉

[당신의 그 말이 ~ 스스로에게 묻고]에서 드러낸 감정은 '답답함',
[말 한 마디 ~ 도망가요]는 '두려움', [자존심으로 세워진 ~ 하루를
보내죠]에서는 '분한' 감정이 드러나네요.
처음엔 어려울 수 있으나 이런 과정을 겪다 보면 나중엔 과정 없이도
곧장 마음을 짧은 글로 담을 수 있어요. 아직 짧은 글을 쓰기까지는
무리다 싶은 분들은 '감정 정리' 과정에서 확대한 감정 하나, 그리고 감정
나열에서 적었던 이유 하나를 한 문장으로 써 봐요. 이 과정에서 짧은 글로
완성되지 않으면 버려지는 문장들이 있을 거예요. 글을 쓸 때는 한
문장 한 문장 개개인처럼 살려 두기! 이 글엔 어울리지 않는 문장이라 과
감히 잘라야 하는데 내 마음에 쏙 든다면? 메모장에 따로 기록하세요. 당장은
어울리지 않아도 다른 곳에서 어떻게 쓰일지 모르니까요.

**0**
**1**

앞 장에서 나열했던 감정의 주된 감정을 찾아 간단하게 써 보세요.

**0**
**2**

주된 감정들이 왜 생겼는지 이유를 간단하게 써 보세요.

**0**
**3**

감정 정리한 내용으로 짧은 글 하나를 완성해 보세요.

# 5장 스토리텔링하기

## 음악에도 '이야기'가 있는데

어머!
이 노래 완전
내 이야기잖아!

여러분은 노래를 들을 때 가사를 중요하게 듣나요? 듣다 보면 알겠지만, 가사의 '후렴구'라고 하는 반복 내용을 빼면 A4용지 한 장도 안 된답니다. 더 놀라운 건 이토록 짧은 가사조차 스토리가 있다는 거죠. 이미 나온 사랑 노래도 수두룩한데 계속해서 사랑 노래가 나올 수 있는 이유도 이 때문입니다.

짧은 글에도 이런 노랫말 같은 스토리가 필요합니다. 오히려 짧은 글일수록 상황에 몰입될 수 있는 배경이 중요하죠. 스토리가 확실하게 보이는 글만이 독자의 몰입을 끌어낼 수 있습니다. 그러나 막상 스토리를 쓰려고 하면 막막하죠. 글에 익숙하지 않은 사람들이라면 더 그렇습니다. 글도 써 본 적 없는데 갑자기 이야기를 만들라니! 앞서 Part1에서 스토리텔링을 잠시 다뤘던 거 기억하나요? 이번엔 스토리텔링을 더 깊숙이 파헤쳐 볼게요.

난 매일 보고 싶지.
다만,
네가 날 보고 싶어 하는 마음이
버릇보다는 애틋함이 먼저이길 바라서
적어도 하루의 일과처럼 느껴지지 않길 바라서 그래.

_자주 보지 말자

**오늘의 글쓰기 수업**

경험은 스토리텔링 할 때 가장 좋은 밑거름이 됩니다. 경험에서 우러난 스토리텔링은 그 순간만큼은 누구보다 가장 잘 쓸 수 있기도 하고요. 자신에게 최적화 된 '이야기'를 손에 얻은 셈이죠.

당장 막 연애를 시작했다고 가정해 봐요. 연애 시작은 늘 비슷하지만 세부적인 상황은 모두 같을 수 없죠. 예시를 보세요. 이제 막 연애를 시작한 사람이 매일 만나요. 어떤 사람은 그게 좋을 수 있고, 어떤 사람은 걱정스러울 수 있죠. 예시 속 화자는 만남의 빈도가 잦은 사이를 걱정하고 있네요. 경험을 통한 짧은 글은 어떻게 탄생될 수 있을까요?

먼저 구체적인 상황을 정리해 보도록 해요.

애인과는 만난 지 일주일째인데 벌써 네 번의 데이트를 했다. 사는 곳이 한 시간이나 걸리는 거리임에도 자주 만났다. 거리가 멀어, 막차 시간 때문에 일찍 헤어져야 하는 게 아쉽다. 오늘은 집 앞에서 동네 5바퀴나 돌았고, '잘 가!'라는 인사로만 30분을 보냈다.

경험에서 우러난 '생각만' 따로 적어 볼게요.

헤어질 때마다 아쉽다. 더 많은 시간을 함께하고 싶어 일찍 만나고 싶은데 오전에 만나면 선택권은 조조영화 뿐이다. 겨우 '잘 가!'라고 인사하고 돌아서면 또 보고 싶다. 작별 인사만 30분 동안 하는 것 같다. 늘 막차 시간을 간당간당하게 지킨다. 차라리 헤어지기 30분 전부터 집 앞에서 인사를 하는 게 좋을 것 같다. 애인과 자주 보는 게 습관이 되어 금세 질려 버릴까 겁이 난다. 같이 있는 동안 너무 행복해서 문득문득 두렵다.

왜 굳이 '상황만' 적은 뒤 '생각만' 또 따로 정리할까요? <u>상황을 구체적으로 배경에 설정해 놓은 문장은 생각을 발전시키기 좋습니다.</u> 여기서 [겨우 '잘 가'라고 ~ 좋을 것 같다] 이 문장을 발전시켜 짧은 글을 써 볼게요.

데이트 코스에<br>
'작별 인사 코스'를<br>
따로 넣을까 봐<br>
〈인사만 삼십 분째〉

# 0
# 1

최근 인상적인 경험의 구체적인 상황을 써 보세요.

# 0
# 2

위 상황에 대한 '생각만' 5줄 이하로 정리해 보세요.

# 0
# 3

생각만 쓴 문장을 토대로 짧은 글 한 편을 써 보세요.

# 2
# 3

설·
정·
하
기

헤어진 연인 사이에 '친구'라는 건
어느 한쪽의 미련이다

_X-친구

## 오늘의 글쓰기 수업

소설을 쓸 때 많이 듣는 질문이 있습니다. 바로 "이거 작가님 이야기 인가요?", "실화인가요?" 등이죠. 작가는 경험하지 않은 건 쓰지 않으나, 경험한 대로만 쓰지도 않는다는 유명한 말이 있습니다. 작가라고 모든 일을 경험해 볼 순 없죠. 그럴 땐 경험에서 비롯된 상상을 이용해 글을 쓰기도 합니다. 현실과 상상이 더해진 걸 앞으로 '설정하기'라고 부를게요. 모든 현실을 경험하는 대신, 현실과 상상을 결합해 '설정'하고, 상상이 꼬리에 꼬리를 물면 그럴듯한 스토리가 완성되죠. 완전히 새로 만드는 이야기가 아니기 때문에 만들기도 훨씬 쉽습니다.

헤어진 연인과 우연히 닮은 뒷모습을 봤어요. 아니라는 걸 알고 안도 했지만, '만일 정말 그(그녀)였다면'으로 설정은 시작됩니다. 만약 헤어진 애인을 만났을 때 나는 인사를 할까요, 아니면 모르는 척 지나갈까요? 또 나는 모르는 척 지나가는데 상대가 아무렇지 않게 말을 걸어온다면 어떻게 할 건가요? 또 아무렇지 않게 친구로 지내자고 한다면요? 이건 앞에서 배웠던 꼬리 물기 방식의 스토리텔링입니다. 그렇게 스토리텔링을 진행하다 보면 그 안에서 예시와 같은 짧은 글을 완성해 볼 수 있습니다. 폭넓게 이야기를 쓰고 싶다면, '만약에'를 습관화해 봐요.

하나만 더 예시를 들어 볼게요.

실제 만원 버스에 서 있습니다. 지치고 힘든 하루가 겨우 지나갔는데, 매일 똑같은 일상이 지겨워서 차라리 비련의 주인공 같은 적당한 시련이 왔으면 좋겠다고 상상하는 겁니다. 갑작스레 전화로 이별 통보를 받았다던가, 창가 너머로 애인의 바람피우는 장면을 목격했다거나 수많은 일들 중 하나로 힘든 상황이라고 설정해 봐요. 다음엔 부가적인 세부 사항들을 상상해서 현실감이 느껴지도록 상황을 꾸며 주면 됩니다.

애인과 나는 두 달 전부터 소홀했다. 신입사원이었던 나는 그만큼 멀어지는 관계에 더 애쓰지 못했고, 충분히 애인에게 설명했으나 애인은 서운해했다. 처음엔 달래 주던 나도 시간이 지나자 이런 바쁜 나를 이해해 주지 못하는 애인에게 실망했다. 그 후로 애인에게 차가워지는 건 물론이고 바쁘지 않은 시간에도 바쁜 척했고, 만나는 시간은 물론 연락하는 시간마저 줄어들자 애인은 갑작스레 문자로 '헤어지자'고 통보했다.

실제론 애인이 없고 무미건조한 삶에 지루해지던 참이나, 주어진 현실 조건에 맞게 그럴듯한 '설정'을 한 뒤 최대한 감정 이입을 하는 겁니다. 이제 상황을 토대로 짧은 글을 써 볼게요.

예고 없는 이별은 없다.
의미 없이 지나친 숱한 순간들
너의 표정이 오늘 우리를 예고했었다.
주의를 기울이지 않은 건, 나였다. 〈예고〉

# 0
# 1

**다음 주어진 현실 상황에 상상력을 발휘해 보세요.**

카페에 앉아 공부하는데 진상 손님이 옆에서 시끄럽게 하는 상황

_____

_____

동료들 있는 데서 직장 상사에게 혼나는 상황

_____

_____

# 0
# 2

**위의 설정한 상황을 토대로 짧은 글 하나를 완성해 보세요.**

네가 가슴에 걸려 체했다.
삼켜지지도, 완전히 뱉어지지도 않아서
아픔을 그런대로 묻어 뒀다.
체기가 습관처럼 늘 내려가지 않아,
네가 얹혀 있는 가슴을 둥둥 두드렸다.

_체기

## 오늘의 글쓰기 수업

하루는 친구가 뭘 먹기만 하면 체한다고 투덜거렸습니다. 이유를 묻자, 짝사랑 상대가 애인이 생겨서 마음을 접는 중이라더군요! 친구의 구구절절한 이야기를 듣다 보면 자연스레 그 상황에 몰입하게 됩니다. 왜 사랑하게 되었는지, 그 사람이 친구에게 어떤 행동을 했는지, 뭐 때문에 마음고생을 했는지. 이야기를 다 듣고 나면 하나의 사건이 벌어지기까지의 '배경 지식'이 생기죠. 상대의 이야기를 들으면 내가 경험한 건 아니지만, 실제 누군가의 경험이므로 글의 배경이 분명합니다. 스토리텔링이 따로 필요하지 않습니다. 그래서 실제 작가들은 자신의 주변 인물을 캐릭터로 잡기도 합니다. 새 인물을 창조해 내는 것보다 주변 사람을 관찰하여 하나의 캐릭터로 세우는 편이 다음 이야기를 상상하긴 더 좋기 때문이죠.

우리 주변엔 늘 이야기가 넘쳐 납니다. 많은 사람들은 자신의 이야기를 하길 좋아하기 때문이죠. 만일 본인이 말하길 더 좋아하는 사람이라면 앞으론 듣는 연습을 더 많이 하도록 해요. 일상에서 주변 사람과 나누는 대화만으로 글 하나가 완성될 수 있으니까요.

예시를 하나만 더 볼까요? 다음은 일상에서 나눈 대화입니다.

"어제 가뜩이나 몸이 뻐근한데 전신 마사지가 50%세일이라는 거야. 원래도 동네 장사라 가격이 싼데 더 할인된 거라서 그냥 나한테 하는 투자라고 생각하고, '스웨터 하나 사는 거 포기하지 뭐!' 하는 마음으로 질러 버렸어."
"그래도 한 시간 사이에 몇 만원이 날아가는 거잖아. 후회 안 해?"
"하면 어쩌겠어. 나중에 가서 정말 사고 싶은 스웨터를 발견하면 후회하겠지."

대화가 정말 평범하죠? 주제를 놓고 나눈 이야기도 아닌 흘러가는 이야기 중 하나이기 때문에 더 그렇습니다. 일상 대화에서 주제를 찾아보세요. 이 대화의 주제는 '낭비'입니다.

필요 없으나 간절히 원하게 되는 것
알면서도 얕게 생각한 순간 저지르는 것
하면 할수록 무뎌지고 시간이 흘러야 아깝고
훗날 대신할만한 것들이 더 간절한 것처럼 떠올라
늘 후회를 남기는 것
〈낭비〉

글을 쓰기로 한 이상! 대화를 소중하게 생각하는 것은 물론, 남들이 스칠 수 있는 주제, 관심가지지 않는 주제에 대해 생각하는 습관도 더불어 길러요. 한 마디로 소재가 필요하다면 모든 것에 '관심'을 가져야 합니다.

## 0
## 1

오늘 누군가와 나눈 대화 내용을 적어 보세요.

## 0
## 2

대화의 주제를 간단하게 써 보세요.

## 0
## 3

주제를 바탕으로 짧은 글을 완성해 보세요.

마음이 다해서 우린 끝났는데
축 쳐진 뒷모습에 나도 아팠다.

터덜터덜 걷는 네 등이라도 토닥일까 했으나
동정인지 사랑인지 모를 마음으로
무책임하게 널 위로할 순 없었다.

_이별의 책임감

## 오늘의 글쓰기 수업

영화나 드라마, 뮤지컬, 연극, 심지어 음악까지 우리는 다양한 콘텐츠를 늘 접하고 있습니다. 최근 스마트폰이 자리 잡으면서 콘텐츠는 더욱 다양해졌죠. 경험도 부족하고, 주변의 경험 역시 마땅한 게 없다면 콘텐츠를 이용하세요. 이용 방법은 콘텐츠에서 '새로운 뒷이야기'를 탄생시키고, 그 상황을 바탕으로 짧은 글을 써 보는 거예요. 그럼 예시 글이 어떤 콘텐츠를 통해 탄생되었는지 한번 살펴볼게요.

우선 어떤 콘텐츠를 이용할지 정해야 해요. 저는 '노래'로 정했답니다. 다음은 가수 박원의 '노력'이란 곡의 가사입니다.

널 만날 수 있는 날 친굴 만났고. 끊이지 않던 대화가 이젠 끊기고
널 바라보다가 다른 사람을 겹쳐 봤어. 누군가 내 안에 들어온 것도 아닌데
사랑한단 말은 점점 미안하고. 억지로 한 것뿐인데 넌 좋아하고
너에게만 나는 아주 바쁜 사람. 내 연락을 기다리다가 또 잠들겠지
나도 노력해 봤어 우리의 이 사랑을
안 되는 꿈을 붙잡고 애쓰는 사람처럼
사랑을 노력한다는 게 말이 되니
서로가 다른 건 특별하다고, 같은 건 운명이라 했던 것들이 지겨워져
넌 오늘보다 내일 날 더 사랑한대. 난 내일보다 오늘 더 사랑할 텐데.

화자의 마음은 이미 떠났으나 상대는 아직 화자를 사랑하고 있죠. 상대가 노력하는 모습을 보며 함께 노력해 보려고 하지만 결국 사랑은 노력할 수 없다고 말하고 있습니다. 자, 그럼 이제 뒷이야기를 상상해 볼게요. 화자에 '나'를 대입시켜 봐요. 아마 화자는 얼마 가지 않아 헤어지자고 할 거예요. 상대는 이별을 힘겹게 받아들이겠죠. 그 뒷모습을 보는 화자의 마음은 편할까요? 마음이 편하진 않지만 노력해도 안 되는 건 어쩔 수 없다고 생각합니다.
이처럼 기존의 콘텐츠에 뒷이야기를 덧붙이는 형식으로 스토리텔링을 해 볼 수도 있습니다. 헤어지는 상황, 헤어지니 막상 힘든 상황, 헤어지고 홀가분한 상황 등 뒷이야기는 어디로 튈지 모르죠.

# 0
# 1

좋아하는 노래 가사를 적어 보세요.


# 0
# 2

가사 속 주인공이 되어 노래의 뒷이야기를 상상해 보세요.


# 0
# 3

상상한 내용으로 짧은 글을 완성해 보세요.

# 6장 공감 얻기

## 내가 발견한 사실을 너·도· 안·다·면·

오감보다 중요한 건
바로 **공감**!

"작가가 울지 않으면 독자도 울지 않는다."라는 말이 있습니다. 글을 쓰다 보면 이 글이 잘 써진 글인지, 못 쓰인 글인지 느낌으로 알 수 있죠. 내가 시시하게 느끼는 글은 읽는 사람은 더 시시하고, 내가 울었던 글이어야 읽는 사람은 울까 말까 한다는 사실을 기억하세요!

아, 나는 공감이 필요 없다고요? 물론 공감을 목적으로 글을 써선 안 되겠지만, 내가 좋아서 쓴 글을 다른 사람이 공감해 준다면 글쓰기는 더욱 재밌어집니다. 다른 사람과 글을 통해 감정을 나누는 기분을 한 번 맛보면 아마 헤어나올 수 없을 걸요?

소신과 대중성, 그 사이 어디쯤

어렸을 땐 뭐든 할 줄 아는 게 어른인 줄 알았는데
크고 보니 뭐든 겁부터 내는 게 어른이었다.

_어른일수록

## 오늘의 글쓰기 수업

어른이라면 대부분 공감할만한 내용입니다. 그러나 단 한 사람도 빠짐없이 예시에 공감할 수 있을까요? 아니요. 공감 얻기란 아주 쉬우면서도 어렵습니다. 생각지 못한 부분에서 공감을 얻을 수도 있고, 당연히 공감할 줄 알았던 내용이 외면 받을 수도 있죠. 글은 읽는 이가 어떤 환경에 있는 지, 어떤 경험을 했는지에 따라 같은 글을 보더라도 평가가 달라집니다. 한 마디로 상당히 주관적이죠.

이것만 명심하세요. 아무도 좋아해 주지 않는다고 해서 나쁜 글이 아니고, 많은 사람들의 공감을 얻는다고 해서 좋은 글이 아닙니다. 두 글의 차이점은 단지 '대중성'일 뿐이죠.

많은 사람들에게 사랑받는 글이 있습니다. 우리는 그런 글을 '대중성 있는 글'이라고 하죠. 자신의 소신대로 글을 쓰는 것과 적당한 대중성을 곁들이는 것. 이건 아마 글을 쓴다면 평생 가져가야 할 숙제입니다. 대중성으로 좋은 글과 나쁜 글의 척도가 나뉘는 것은 아니지만, 나만 알아보는 글 또한 좋은 글이라고 할 수 없기 때문이죠. 좋은 글이란 바로 '목적을 달성하는 글'입니다.

짧은 글을 쓰는 사람들의 대부분은 자신의 감정으로 남의 공감을 사고 싶어 합니다. 감정을 나누는 거죠. 공감하는 글을 쓰고 싶다면 두 가지를 반드시 기억합시다!

1. 누구나 한 번쯤 생각할 만한 소재로 글을 쓸 것
2. 공감할 만한 독자층을 정해 두고 쓸 것

모든 사람들의 마음에 드는 글을 쓸 순 없습니다. 오히려 그럴수록 글에 소신이 없어지는 현상이 발생할 거예요. 내 성격을 누군가 마음에 들지 않는다고 한들 성격을 바꿀 수 있나요? 어떤 사람에겐 소심하게, 어떤 사람에겐 대담하게 행동하다 보면 '자신'은 없어지고 말겠죠. 글도 똑같습니다. 이 사람에게 맞추고, 저 사람에게 맞춰진 글은 일관성이 없죠. 공감을 얻고 싶다면 모두의 마음에 들겠다는 과한 욕심은 일찌감치 접어 두고 소신과 대중성, 그 사이 어디쯤에 서자고요.

**0**
**1**

'인생'을 주제로 다른 사람과 나누고 싶은 이야기를 자유롭게 써 보세요.

**0**
**2**

'사랑'을 주제로 다른 사람과 나누고 싶은 이야기를 자유롭게 써 보세요.

세·
부·
적·
인·
묘·
사·

낙엽처럼 우수수 떨어지는 눈물을
빗자루처럼 쓸어 담는 부지런한 네 손이 있어,
내 가을은 쓸쓸하지 않다

_너와 보내는 가을

## 오늘의 글쓰기 수업

낙엽, 빗자루, 가을. 이 세 단어만 봐도 가을의 풍경이 떠오르지 않나요? 글쓰기를 막 시작한 분들이 많이 하는 실수가 있는데, 바로 "이 정도면 알겠지!"라며 넘어가는 겁니다. 자신이 상상한 상황을 특별한 설명도 없이 독자 역시 같은 상황을 상상할 거라고 착각하는 거죠. 작가는 '내가 상상한 이미지를 독자에게 친절하고 생생하게 전달해야 하는' 의무가 있습니다.

짧은 글을 쓰는데 이렇게까지 묘사할 일이 있냐고요? 물론 직접적으로 드러나진 않지만, 묘사할 줄 아는 사람과 모르는 사람의 실력 차이는 분명합니다. 이 단원에선 묘사력을 쉽게 키울 수 있는 방법을 알려드릴게요.

세부적인 묘사는 자연스러운 몰입을 돕습니다. 읽는 이가 나의 공간에 빠지게끔 하려면 내가 상상하는 세계를 정확하게 글로 묘사할 줄 알아야 해요. 앞서 말했듯 짧은 글에 상상하는 모든 상황이 들어갈 순 없습니다. 그러나 작가가 세세한 배경을 상상하며 쓰는 것과 두루뭉술한 상상으로 글을 쓰는 건 글에서도 수준 차이가 나니 묘사 연습도 틈틈이 해야 합니다.

## 1. 장면

글에도 '스케치'하는 방법이 따로 있다는 걸 아시나요? 떠오르는 한 장면을 사진처럼 머릿속에 펼쳐 두고, 사진에 있는 모든 걸 설명하는 겁니다. 읽는 사람도 나와 같은 장면을 떠올리도록 말이죠. 이때 나와 비슷한 상상을 할 수 있도록 세세한 묘사를 하는 게 중요합니다. 이를 '장면 스케치'라고 합니다. 주의해야 할 점은 <u>'이야기'를 철저히 배제한 채 오로지 '장면'만을 가지고 글을 써야 한다는 겁니다.</u>
그럼 아래 예시를 보며 '공간'을 상상해 봐요.

봄 폭풍우가 언덕을 덮쳤다. 고요해야 할 언덕은 때 아닌 불청객의 등장에 소란스럽고 요란했다. 강압적인 비바람에 주변의 모든 것들이 벌벌 떨었다. 비바람은 왕처럼 언덕 곳곳을 군림했다. 바람이 걷는 방향에 따라 나무는 맥없이 고개를 숙였고, 힘없는 꽃잎은 그 앞에 바짝 엎드렸다.

이곳은 '폭풍우가 몰아친 언덕'입니다. <u>공간을 묘사할 땐 상상하는 장면을 사진으로 찍어 놓은 뒤, 사진의 구석구석을 돋보기로 관찰해 봅시다.</u>
예를 들어 거리를 묘사한다면 거리는 상가가 많은 번화가인지, 아님 나무와 꽃들로 뻗은 산책로인지, 한적한 골목길인지를 고민해 보고, 또 폭풍우를 만났다면 그 세기는 간판을 떨어트릴 정도로 강력한지, 나무만 세차게 흔들리는 정도의 태풍인지를 고민해 보세요. 이러한 <u>세밀한 부분까지 정확하게 만들어 놓고 전체적인 장면을 포착하는 겁니다.</u>
<u>머리로는 장면이 둥둥 떠다니는데, 세밀한 부분을 어떻게 쓸지 모르겠다면 그</u>

땐 비유법을 사용하세요. 예시에서 [벌벌 떨었다] [왕처럼 군림했다]가 바로 그 예입니다. 좀 더 쉬운 예로 볼까요?

여자의 치마가 종잇장처럼 펄럭였다.

'여자의 치마가 펄럭였다'라고만 했다면 글쓴이는 종잇장처럼 미세하게 펄럭이는 걸 상상했는데, 읽는 사람은 깃발처럼 거칠게 펄럭이는 걸 상상할 수도 있겠죠. 비유법을 쓰면 내가 상상하는 이미지를 좀 더 정확히 전달할 수 있답니다.

## 2. 움직이는 이미지

은빛 고양이는 기지개를 켠다. 허리를 내리고 엉덩이를 길게 빼며 입을 쩌억 벌린다. 꼬리가 부드럽게 섰다. 입을 다물자 눈빛이 살아났다. 천천히 몸을 바로 세우고, 언제 하품을 했냐는 듯 번뜩이는 눈빛이다. 정면을 응시하다 오른발을 먼저 뗀다. 레드카펫 위의 여배우처럼 걸음걸이에 기품이 넘친다.

기지개를 켜고 걸어가는 고양이의 모습입니다. 움직이는 이미지를 묘사할 때는 그 생명체의 움직임을 하나하나 설명하듯 쓰면 됩니다. 움직임은 동작 위주로 명확하게 짚어 주면 간단하게 쓸 수 있답니다. 움직이는 이미지 역시 [레드카펫 위의 여배우처럼]이란 비유법을 통해 그 동작의 느낌을 구체화시켜 주면 더 좋고요.

## 3. 하나의 이미지

장면과 움직이는 이미지를 써 봤다면 이번엔 하나의 이미지에 집중하는 연습을 해 볼게요. 하나의 이미지를 집중적으로 쓰는 건 다른 것보다 표현하기 더욱 어렵습니다. 멈춰 있는 이미지는 관찰 자체가 힘이 들기 때문이죠. 장면 스케치나 움직이는 이미지는 동작 하나하나만 써도 '쓸 거리'가 넘쳐나지만, 한 가지 이미지는 그렇지 않습니다. 오로지 깊은 관찰만을 통해 쓸 수 있어요.

예를 들어, '그림 그리는 남자' 하나만 가지고 글을 써 볼게요.

남자는 목욕탕에나 있을 법한 비좁은 의자에 엉덩이를 붙이고 앉아 있다. 엉덩이 끄트머리는 살짝 눌린 채로 삐죽 튀어나왔지만, 남자는 개의치 않고 스케치북만 보고 있다. 남자는 끝이 날카로운 연필을 제법 화가처럼 쥐고 있다. 그의 손엔 일정한 간격의 주름을 그려 넣은듯 선명하게 그어져 있다.

예시는 남자가 어떤 거리에 앉아 있는 지, 손님은 어떤지, 스케치북 위의 그림은 얼마나 완성되었는지 주변 설명이 전혀 없습니다. 만일 주변 설명을 했다면 '장면 스케치'이고, 예시처럼 썼다면 '하나의 이미지'랍니다. 차이점이 보이나요?

묘사력 훈련 방법! 생각보다 많죠? 이 세 가지를 번갈아 가며 틈틈이 훈련해 보세요. 어떤 글을 쓰더라도 큰 도움이 될 거예요. 이번 '매일 세 줄'은 특히나 꼼꼼히 하기!

# 0
# 1

주어진 상황을 구체적으로 상상하여 공간을 묘사하세요.

카페에 혼자 앉아 있는 남자

# 0
# 2

다음 이미지의 움직임을 자유롭게 묘사하세요.

잠꼬대를 하며 뒤척이는 여자

좋아, 좋은데
좋아해서 이해 못하는 것들이 있잖아

_사랑해서 난 속이 좁아

## 오늘의 글쓰기 수업

누구나 겪는 과정인데 남들한테 드러내기엔 창피한 감정이 있죠. 예시처럼 속 좁은 마음이나, 질투, 미움, 애증 같은 감정들을 드러냈는데, 사람들이 "이거 혹시 네 얘기니?"라고 물어 올 수도 있어요. '사람들은 이런 글을 쓴 나를 어떻게 볼까?'라는 두려움을 갖기 시작하면 결국 죽은 감수성만 남게 됩니다.

스티븐 스필버그는 "나는 알몸으로 세상을 질주하고 있다는 두려움을 극복해야 했고, 날 죽일 게 아니라면 그냥 내버려 두라고 말하는 법을 배워야 했다."라는 명언을 남겼습니다. 진심 드러내기를 부끄러워하면 글감의 폭은 결코 넓어질 수 없죠. 죽은 감수성으로 글을 쓰지 않도록 글만큼은 '남의 시선'에서 자유로워져야 합니다.

글도 연애와 같습니다. 공감은 다른 무엇보다도 '진심'이 있어야 가능하죠. 당장은 상대의 호감을 사기 위해 연기할 수 있지만, 연기는 길어 봐야 3년 안짝이죠! 기꺼이 공들여 샀던 환심도 한순간에 등 돌릴 수 있는 게 바로 거짓으로 쓴 글입니다. 그럴 듯해 보이는 글은 차라리 쓰지 않는 게 낫습니다. 진심이 담긴 글을 쓰고 싶다면 두 가지만 기억하세요.

1. 과장하지 말기
2. 소심하지 말기

진심이 담긴 글을 쓰려면 과장하지도, 소심하지도 말아야 합니다. 과장된 글은 허세가, 소심한 글은 내숭이 생기죠. 뭐든 적당한 게 제일 좋지만, 그 적당함을 지키기가 참 어렵죠. 남에게 어떤 평가를 받을지 생각하기 보단 내가 타인에게 어떤 생각을 전달 수 있을까를 고민해 보자고요!

0
1

드러내기 어려운 감정이 담긴 짧은 글을 완성해 보세요.

# 내 마음이
# 오글거리지 않으려면

SNS, 블로그, 상태명 등 요즘 자신의 감정을 표현할 수 있는 공간이 많이 늘고 있습니다. 일부는 공개적인 장소에 자신의 감정을 솔직하게 담아내는 사람을 더러 '오글거린다'라고 표현하기도 하죠. 짧은 글은 공감하면 훌륭한 글이지만, 공감하지 못하면 '오글거리는 글'이 되고 맙니다.

우선, 글을 쓰기 전 '오글거린다'라는 단어는 머릿속에서 지우세요. 내가 말하는 것도, 남이 말하는 걸 들어서도 안 됩니다. 물론 공개적으로 글을 쓸 때 다른 사람의 시선을 의식하는 건 당연합니다. 하지만 내가 쓴 글이 좋아서 공개하는 것이지, 글쓰기 목적 자체가 '공개'는 아니니까요. 어떻게 하면 최대한 사람들에게 '오글거린다'는 느낌을 주지 않을까요? 포인트는 혼자만의 감성에 빠지지 않으면 됩니다. 아래 그 방법을 한 번 알아볼게요.

## 1. 내가 얻은 진리

별 거 아닌 글에 오글거린다며 트집을 잡는 글이 있는 반면, 실제 대부분의 사람들이 '오글거린다'라고 말하는 글도 있습니다. 대부분의 사람이 '오글거린다'고 표현한다면 정말 그 정도로 '느끼한 글'일까요? 결국 또 '공감'의 문제입니다. 내 감성은 나만 알도록 써선 안 되는 거죠. 예를 들어 앞뒤 말을 다 자르고 '아, 인생이란 고달픈 것.'이란 글을 SNS에 올렸다고 가정해 볼게요. 공개적으로 댓글을 달 수 있을까요? 진짜 친구라면 개인적으로 연락하겠지만, 그 친구도 내가 말한 '고달픔'의 무게가 어느 정도인지 몰라 연락하려던 사람도 망설이게 되지 않을까요? 아무도 알 수 없는 이유로 나 혼자 힘들다고 징징대는 글은 보기 안 좋습니다. 오히려 '고달픈 인생'을 통해 깨달은 사실 하나를 쓰면 훨씬 더 세련된 사람이 되겠죠.

잡고 싶다고 매달릴 필요도
떠나고 싶다고 매정할 필요도
〈인연〉

친구를 잃은 날 인생은 참 고달프다는 생각을 합니다. 의지할 친구들이 점점 사라지기 때문이죠. 우리는 나이를 먹을수록 인연은 생각보다 많지 않다는 걸 깨닫습니다. 그 사실을 '아, 인생이란 고달픈 것'이라는 말 대신 내가 얻은 인생의 진리를 짧은 글로 정리해 보는 겁니다.

## 2. 내 감성 객관화하기

E. L. 닥터는 "비가 내리고 있다는 사실이 아니라, 비가 올 때의 느낌을 써라."라고 했습니다. 무슨 말일까요? '인생은 고달픈 것'이라는 사실을 말할 게 아니라 '고달픈 인생에서 오는 느낌'을 적으세요. 앞서 말했던 진리가 '이성의 영역'이라면 이건 '감성의 영역'인 셈이죠. 비가 내리고 있다는 사실 자체는 초등학생 일기장에도 등장할 수 있습니다. 비가 내리며 느끼는 감성은 '나만의 것'이죠.

글은 나의 감성과 다른 사람을 이어 주는 매개체입니다. 사실보다 느낌을 전달하면서 타인을 내 세계로 끌어들일 수 있어요. 객관화가 어렵게 느껴진다면 나와 독자 사이에 글이 중간 다리가 된다는 생각으로 글을 써 보세요. 그 감성이 조금 과할지라도 충분히 설득력 있게 쓴다면 읽는 사람 역시 받아들일 수 있답니다.

## 3. 유치함을 받아들여라

어떤 글도 유치해질 수 있고, 유치하지 않을 수 있습니다. 사랑을 소재로 한 글은 전부 진부하고 유치하게 느끼는 사람도 있고, 사랑인 글만 크게 공감하는 사람도 있습니다. 그렇다면 우리는 또 어떤 사람에게 글을 맞출 건가요?

사랑하는 과정 속에서 느껴지는 감정을 모조리 유치하다고 단정 짓는다면, 당신은 한 번도 제대로 사랑해 본 적 없는 사람이라고 생각하며 유순하게 넘어가세요. 사랑이란 원래 달콤한 농담에 웃고, 작은 일에 토라지고 마는 유치함 그 자체인 걸 알잖아요. 인생을 소재로 한 것도 마찬가지예요. 어쩔 땐 더럽고 치사한 게 인생 같다가, 소소하게 벌어지는 유치한 에피소드 하나에 기분이 풀리면 그게 인생인가 싶죠.

유치함을 받아들이세요. 유치함은 때론 글을 더 윤택하게 만들어 주니까요.

# 글쓰기 이것만 조심해!

# 1장 자르기

## 아까워도 과감히 지워

버려야 더 좋아진다면 과감히~

글을 다 썼다고 해서 끝이 아닙니다! 공부도 하면 할수록 할 게 많아지듯 글도 똑같습니다. 읽으면 읽을수록 고칠 것들이 보이죠. 완벽한 줄 알았는데 시간이 흐른 뒤 보면 엉망입니다. 특히 수정할 때 깊은 좌절에 빠지곤 하죠. 열심히 썼는데 이 내용을 지워야 한다니! 서랍 정리를 하다 보면 버리긴 아까운데 쓸모없는 물건이 많죠. 버리고 싶진 않지만 그 물건을 버리지 않으면 서랍은 영영 정리될 수 없어요. 아깝지만 이 문장을 지워야 내용이 더 깔끔할 것 같다면 과감히 지우세요. 아까워도 쓰레기는 쓰레기니까요.

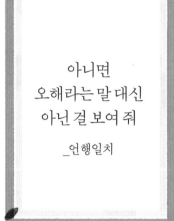

아니면
오해라는 말 대신
아닌 걸 보여 줘

_언행일치

## 오늘의 글쓰기 수업

앞에선 상상력을 막지 말고 무조건 쓰라더니! '쓰지 말아야 할 표현'이 따로 있다고요? 쓰지 말아야 할 표현을 처음부터 익히고 글을 쓴다면 아마 연필만 잡고 시작도 못 할 거예요.

예시가 만약 [아니면/오해라는 말만 해선/안 될 것 같아]라고 했다면 어떤가요. 문장을 '~한 것 같다'고 하면 그만큼 전달력이 약해집니다. 글쓴이조차 확신이 없어 보여서 반박하기도 쉬워요. 또 [언행 일치에 있어, 아닌 것에 대해선 오해라는 말 대신 아닌 것을 보여 주어야 함이 틀림없습니다.] 문장은 어떤가요? 굉장히 불편하고 복잡하지 않나요? '~에 있어, ~에 대해서, ~함이 틀림없다'는 모두 번역체입니다.

글을 다 쓰고 난 다음 쓰지 말아야 할 표현을 차근차근 수정해야 해요. 처음부터 모든 내용을 다 기억할 필요도 없어요. 아래 사항들을 몇 번만 읽어 보면 다음 글을 쓸 때 '쓰지 말아야 할 표현'들이 어느 날 문득 떠오를 테니까요.

## 1. 자신 없는 표현

자신 없는 글은 몇 가지 표현으로 인해 문장 자체가 흔들립니다. 불안한 감정이 고스란히 드러나는 거죠. 예를 들면 이런 표현들이요.

~인 것 같다, ~일 것이다, ~고 한다, ~인 듯 했다, ~라는 생각이 들었다

위의 표현은 모두 '추측성 서술어'로 되도록 멀리하고, '~했다, ~는 의견이다, ~를 확신한다'와 같은 '단정 짓는 서술어'를 사용하도록 해요. 자신이 쓴 글을 읽어 보고, 자신 없어 보이는 표현은 모조리 자르기!

## 2. 익숙한 번역체

번역체는 의외로 많이 사용되고 있습니다. 번역체에도 여러 종류가 있는데 바로 일본어, 영어, 한문이 대표적이죠. 이미 우리말의 많은 부분을 차지하고 있는 번역체를 빠짐없이 집어 낼 순 없겠지만, 몇 가지 예시를 보면 번역체 표현의 공통점을 짐작할 수 있습니다.

~임이 틀림없다, ~하고 있는 중이다, ~에 대하여, ~에 있어, ~에 의해

번역체를 피하고 싶다면 수동태보다 능동태를 쓰세요. '~에 대하여 설명했다'는 '~를 설명했다'로, '~에 의해 기절했다'는 '~때문에 기절했다'처럼 능동태로 서술하는 것이 훨씬 읽기 편하답니다.

# 0
# 1

**다음 글에서 자신 없어 보이는 표현을 수정해 보세요.**

제 단점은 정이 많다는 것 같습니다. 공과 사를 구분할 때 정이 개입되면 안 되는데, 그 부분은 아직 제가 미숙한 것 같습니다. 그래서 공과 사를 구분하기 위해 많은 노력을 하고 있습니다.

**tip**
❶ 추측성 서술어는 되도록 사용하지 말자. (특히 자기소개서에서는) ❷ 부정적인 단어는 되도록 긍정적인 단어로 고쳐 쓰자. ❸ 같은 의미인 문장은 둘 중 하나를 지우자. ❹ 쓸모없는 접속사는 지우자.

# 0
# 2

**다음 글에서 번역체를 수정해 보세요.**

그가 돌아왔음이 틀림없었다. 창가에 내려앉은 서리가 말끔히 지워졌다. 그녀로부터 날아온 편지도 보았음이 틀림없다. 그런데도 그는 그녀로부터 숨으려는 듯 인기척을 전혀 내지 않고 있는 중이었다.

**tip**
❶ 익숙한 번역체를 조심하라. ❷ 번역체는 능동태로 바꿔라.

인생에 모든 사람이 그렇다.
끊임없이 나타났다 사라졌다,
상처 줬다 사랑했다,
희로애락을 쥐어 주다가도
매정하게 뺏기를 반복해서,
모든 관계를 무뎌지게 했다.

_인간관계

## 오늘의 글쓰기 수업

예시를 보세요. 한 문장을 무려 5줄로 나눠 쓰니 길어 보이진 않지만, 한 줄로 읽기도 헷갈리는 문장이 되기 쉽습니다. 이렇게 긴 문장은 쉼표로 끊어 줘야 훨씬 읽기 쉽겠죠. 글은 단문으로 연습하는 게 좋습니다. 장문은 주어와 서술어가 분명하게 호응하지 않거나, 문장에서 말하고자 하는 바를 잃어버릴 가능성이 큽니다. 단문은 실수할 가능성을 줄여 주죠. 그럼 단문은 어떻게 쓸까요? 무조건 짧게만 쓰면 될까요?

# 1. 설명하는 글

설명하다 보면 글의 내용이 구구절절 길어집니다. 그러다 보니 단문은커녕 장문을 남발하게 되죠. 작가들도 많이 하는 실수가 바로 '설명'입니다. 하고 싶은 말은 '이것'인데 '이것'을 말하기까지 부연 설명이 너무 길어지는 거죠.

설명하는 글의 원인은 두 가지입니다. '혹시 내 말을 이해하지 못하면 어쩌나' 하는 노파심 때문에, 또는 '나는 이것까지 고려해서 썼는데 독자가 몰라주면 어쩌나' 하는 욕심 때문이죠. 글에서 설명은 곧 변명입니다. 읽는 사람은 생각보다 글의 탄생에 대해선 무관심합니다. 내가 어떤 것까지 고려해서 썼는지, 이 글을 왜 쓰게 됐는지는 나만 알고 있기로 해요. 글의 탄생을 설명하다가 글의 주제까지 흐릿해질 수 있답니다. 같은 내용을 굳이 반복해서 설명할 필요도 없죠. 했던 말을 또 해도 괜찮은 경우는 강조할 때 뿐입니다. 강조를 위한 반복을 제외하곤 과감히 삭제하세요. 같은 뜻을 가진 문장 하나를 잘라 낼 때 어떤 글을 잘라야 할지 망설여지는 순간이 오는데, 그럴 땐 전체적인 글을 소리 내어 읽어 보면 됩니다. 그럼 어색한 부분을 알 수 있는데, 이때 두 가지 문장을 번갈아 읽으면 어떤 문장이 나은지 쉽게 고를 수 있어요.

설명하지 않는 글을 쓰는 건 의외로 간단합니다. 중복되는 뜻을 가진 문장을 지우고, 이해하지 못할 거란 두려움을 버리세요. 이 두 가지를 기억하며 완성된 글을 수정해 봐요.

## 2. 말허리 자르기

손가락이 달그락 소리를 내며 멈췄다. 보지 말아야 할 것을 봐 버린 것처럼 이별 앞에서 굳었고, 오타 앞에서 괜스레 숨이 멎었다.

단문을 쓰고 싶은데 말이 주저리 길어진다면 문장의 허리를 자르세요. '~고' 부분을 끊고, 한 문장에 주어와 서술어만 남겨 봅시다. 문장을 수식하는 단어들도 모두 분리해요. 한마디로 문장을 해부하는 거죠.

달그락 손가락이 멈췄다.
(보지 말아야 할 것을 봐 버린 것처럼) 별안간 이별 앞에서 나는 굳었다.
숨이 멎었다. 오타였다.

단문을 쓰면 호흡이 짧아지는 대신 전체적인 속도감이 생깁니다. 소설에선 긴장감을 주기 위해 단문을 많이 사용하기도 하죠.
계속해서 이어지는 문장을 볼게요.

실수는 고쳐지고 지우고 새로 쓴다. 덮어진 새 글자엔 세월이 없고, 낡은 글자엔 앞날이 없다.

이 문장을 한 번 더 단문으로 고쳐 볼게요.

실수는 고쳐진다.

지우고 새로 쓴다.

덮여진 새 글자엔 세월이 없다.

낡은 글자는 앞날이 없다.

말허리 자르기는 아주 쉽죠? 단문은 논지를 분명하게 보여 주는 효과도 있답니다. 기사에서 단문을 주로 쓰는 이유도 이 때문이죠.

글을 길게 쓰는 버릇을 들이면 온갖 수식어를 자꾸 붙이게 됩니다. 수식어를 주렁주렁 달고 하고자 하는 말을 전달하는 건 작가에게도 쉬운 일이 아니랍니다. 아직 글쓰기에 익숙하지 않다면 단문으로 써 보세요. 말허리를 잘라 문장을 튼튼하게 갖춘 뒤 장문을 연습해도 늦지 않으니까요.

# 0
# 1

**다음 글의 설명하는 부분을 자르고 간단하게 정리해 보세요.**

저는 어렸을 때 아버지의 파견으로 인해 워싱턴에 잠시 살았었습니다. 그때 아버지는 한창 회사가 불안정할 때라 회사에서 많은 시간을 보냈고, 어린 저는 여동생을 돌보며 자라 자연스레 책임감을 배웠습니다. 한때는 그런 아버지가 원망스러웠던 적도 있었으나, 원망을 하며 철이 많이 든 것 같습니다.

**t i p**
❶ 불필요한 부정적인 과거는 굳이 쓰지 말자. ❷ 의미 중복되는 말은 전부 자르자. 최대한 간략하게! ❸ '~같습니다' 추측성 서술어는 되도록 쓰지 말자.

# 0
# 2

**다음 글을 단문으로 수정하세요.**

만일 그가 탈주범이라는 걸 알았더라면 좀 더 긴장하고, 두려워하며 어떻게든 도움을 청하려 눈동자를 이리저리 굴려 봤을 것이다. 정체를 몰랐기에 조그만 동요도 없었고 되레 눈동자가 선연하도록 맑아 보인다는 따위의, 지금 생각해 보면 어처구니없는 생각을 찰나에 했던 것이다.

**t i p**
❶ 한 문장엔 하나의 이야기만 넣어라. ❷ 말허리를 잘라라.

**3**
**1**

빼도 좋을 장신구 · · ·

있는 동안 몰랐는데
없는 순간 피곤해져

_데이트가 끝나면

## 오늘의 글쓰기 수업

예시가 만일 [있는 동안은 몰랐다. 그런데 네가 없는 순간에 피곤해 지더라.]고 했다면 어땠을까요? [있는 동안]을 [있는 동안'은']이라 쓰고, [없는 순간]을 [없는 순간'에']라고 썼다면 문장에 군더더기가 생긴 느낌이죠. 또 [그런데]는 부자연스럽진 않지만 글에서 접속사 는 최대한 빼 주는 게 좋습니다.

액세서리가 휘황찬란하면 할수록 글이 더욱 빛날 것 같지만 오히려 반대입니다. 링 귀걸이와 세네 겹의 체인 목걸이, 거기다 다이아몬드 반지까지 꼈다고 상상해 보세요. 물론 액세서리를 하나씩 보면 예쁘 지만, 모여 있기 때문에 제 빛을 내지 못합니다.

세련미는 '절제'에서 옵니다. 온갖 액세서리를 걸치는 것보단 귀걸이 하 나로 포인트 주는 편이 훨씬 세련돼 보이죠. '이 조사를 걸치면', '이 부사를 걸치면' 좀 더 멋들어진 문장이 탄생할 것 같지만, 지나친 장 신구는 오히려 눈살을 찌푸리게 할 뿐입니다. 이번엔 우리가 글에서 절제해야 할 장신구들을 살펴볼게요.

글은 조사 하나, 접속사 하나만으로 분위기나 느낌이 달라집니다. 《칼의노래》의 김훈 작가는 '꽃이 피는지'와 '꽃은 피는지'를 놓고 한참을 고민했다고 해요. '꽃이' 피는지 '꽃은' 피는지 그게 얼마나 큰 나비효과를 불러일으키는지는 많이 써 본 사람만이 알죠. 글에는 흐름이라는 게 있어서 조사 하나만 수정해도 문장 전체를 바꿔야 하기 때문입니다.

## 1. 조사

조사는 '주어와 서술어를 자연스럽게 이어 주는 도구'로 우리가 흔히 쓰고 있는 '은. 는, 이, 가, 에, 에게, 을, 를, 으로, 와, 과' 등이 있습니다. 이 작은 도구가 문장에서 얼마나 크게 쓰이는 지 예시를 한 번 볼게요.

㉠ 사람의 시려서, 세상은 차가웠다.
㉡ 사람은 시렸고, 세상도 차가웠다.

㉠은 '사람 때문에 세상이 차갑다.'는 뜻, ㉡은 '사람도, 세상도 차갑다.'라는 뜻입니다. 조사만 바꿨을 뿐인데 뜻이 달라졌네요. 조사의 쓰임은 문장의 전체적인 느낌을 바꿔 줄 뿐만 아니라 전혀 다른 뜻을 만들기도 해요. 또 조심해야 할 것은 바로 조사의 남발입니다. 가장 많이 남발하기 쉬운 조사 두 가지만 예로 들게요.

㉠ 이 도구가 얼마나 유용한지를 아무도 알지 못했다.
→ 이 도구가 얼마나 유용한지 아무도 알지 못했다.

ⓛ 홍수를 막을 사람을 구하지 못했다.

→ 홍수 막을 사람을 구하지 못했다.

남발하기 쉬운 조사 첫 번째는 '을/를'입니다. '을/를'을 뺐을 때 문제 없이 문장이 연결되는 경우가 많죠. 글에 군더더기가 많다고 느껴진다면 꼭 필요한 조사인지부터 살펴보세요. 조사를 뺀 채 문장을 읽었을 때, 뜻이 나 문장 흐름에 큰 영향이 없다면, 되도록 쓰지 않는 것이 좋습니다.

ⓖ 어머니의 사랑을 끝까지 이해하지 못했다.

→ 어머니 사랑을 끝까지 이해하지 못했다.

ⓛ 하루의 끝은 늘 일기로 마무리했다.

→ 하루 끝은 늘 일기로 마무리했다.

남발하기 쉬운 조사 두 번째는 '의'입니다. 관형격 조사인 '의'는 대부 분 문장에서 생략이 가능하죠. 문장이 길어져서 무엇을 호응하는지 불명확할 때 '의'는 유용하게 쓰이겠지만, 그렇지 않다면 '의'를 빼고 문장을 읽어 보세요. 조사를 빼도 문장에 이상이 없다면 과감히 잘라 버릴 것!

## 2. 접속사

접속사는 전혀 다른 문장도 센스 있게 이어 주는 마법 같은 힘이 있습니다. 접속사를 적재적소에 잘 배치하면 문장을 매끄럽게 이어 주지만, 남발할 경우엔 "나 글 처음 써요."라고 고백하는 거나 다름없죠. 아래 예시를 보세요.

갓길에 차를 세운 뒤 창문을 내렸다. <u>그러자</u> 바람과 파도 소리가 지루하지 않게 간간히 들려왔다. 그때 낯선 여자가 말을 걸어왔다. 해변 주차장이 어느 쪽이냐는 질문이었다. 하지만 나는 대답하지 못했다. <u>왜냐하면</u> 출장 가는 길은 빠삭했으나 다른 길은 전혀 알지 못했기 때문이다. <u>그러자</u> 여자가 울었다. <u>뿐만 아니라</u> 주저앉아 소리를 내기 시작했다. 당황한 나는 <u>결국</u> 차에서 내려 여자를 일으켰다.

접속사에는 앞과 뒤를 이어 주는 '그리고', 상반되는 내용을 자연스럽게 진전시키는 '그러나, 하지만, 그래도, 그런데', 인과관계를 설명하는 '왜냐하면, 그래서, 따라서', 같은 자격의 말을 이을 때 쓰는 '및, 등, 또는', 새로운 내용을 덧붙이는 '뿐만 아니라, 아울러, 게다가, 더군다나', 앞 내용을 함축해 결론짓는 '결국, 즉, 말하자면' 등이 있습니다. 이 모든 게 접속사라니 놀랍지 않나요? 생각보다 접속사를 무분별하게 사용하고 있다는 생각이 들죠? 아래에 사라진 접속사에 유의하며 예시를 다시 읽어 보세요.

갓길에 차를 세운 뒤 창문을 내렸다. 바람과 파도 소리가 지루하지 않게 간간히 들려왔다. 그때 낯선 여자가 말을 걸어왔다. 해변 주차장이 어느 쪽이냐는 질문이었다. 나는 대답하지 못했다. 출장 가는 길은 빼싹했으나 다른 길은 전혀 알지 못했기 때문이다. 여자가 주저앉아 소리 내어 울기 시작했다. 당황한 나는 차에서 내려 여자를 일으켰다.

조사와 마찬가지로 접속사 또한 지운다고 문장이 이상해지진 않습니다. 오히려 문장은 더 깔끔해졌죠. 글을 처음 쓸 때는 <u>자신이 쓴 문장이 자꾸 어색하게 느껴지곤 하는데, 그렇다고 접속사를 남발하면 그 글은 잔가지 많은 글이 되고 맙니다.</u> 초고에 들어간 접속사에 동그라미를 그려 보세요. 만일 동그라미를 빼고 소리 내어 읽었을 때 문제가 없다면 필요 없는 접속사는 가지치기한다는 생각으로 싹둑싹둑 잘라 버려요!

# 0
# 1

**다음 빈칸의 조사를 채워 넣으세요.**

사랑☐하고 싶어지는 날이야. 사랑☐ 속삭이고 싶은 날이야.

_____

_____


유치한 말☐. 행동☐. 그리고 태도☐.

_____

_____

**다음 글에서 필요 없는 조사와 접속사를 찾아 지우고 문장을 새로 써 보세요.**

얼마나 무거운지를 모르고 인생의 무게를 측정했더니, 무게가 더 무겁게 느껴졌다.

---

어머니는 감동이라며 나에게 시계를 선물했다. 사실 어제 선물한 로션은 포장만 그럴듯한 사은품이었다. 그럼에도 불구하고 어머니는 죄책감을 불러일으킬 만큼 크게 기뻐했던 것이다. 갑자기 그간 내가 했던 선물이 떠올랐다. 그리고 다음엔 화가 났다. 왜냐하면 선물이 떠오르지 않았기 때문이다. 처음 하는 선물을 사은품으로 던지듯 줘 버린 것이다.

---

---

---

---

# 2장 고쳐 쓰기

글 전체가 거·부·하·는·것·

음...
고쳐야 할 건
화장만이 아니군!

세계적인 작가 제임스 미치너는 "나는 별로 좋은 작가가 아니다. 다만 남보다 자주 고쳐 쓸 뿐이다."고 했습니다. 고쳐 쓰기의 중요성을 강조하는 명언이죠. 글에는 정답이 없습니다. 수학처럼 공식이 딱딱 나오는 것도 아니고, 읽는 눈도 쓰는 손도 제각각이라 무척 어렵습니다. 정답이 없으니 '꽃이 피는 지', '꽃은 피는 지' 끊임없이 고민하고, 접속사를 놓은 그 자리가 과연 최선의 배치였는지, 주어를 남발한 건 아닌지 탈고한 뒤에도 찜찜해 하며 지긋하게 생각하죠. 글쓴이는 늘 최선의 단어 선택과 배치를 위해 고뇌합니다. 아무리 지긋하더라도 끝난 글도 열 번이고 다시 봅시다!

입으로는 널 탓하고, 마음은 날 탓하고.
누구보다도 널 이해하고 싶은데
누구만큼도 이해 못해 주는 내가
그럼에도 불구하고 사랑하는 것

_사랑싸움

## 오늘의 글쓰기 수업

중복은 저도 항상 신경 쓰는 부분인데요. 주어, 단어, 문장, 것, 생각보다 많은 곳에서 저 또한 중복적으로 사용한답니다. 예시는 운율을 위해 의도적으로 중복을 사용했지만, 일반 문장으로 봤을 땐 좋은 문장이 아닙니다. '너, 나'와 같은 주어가 한 문장에 각각 두 번씩이나 나왔고 '누구', '이해'도 중복, '~것'은 되도록 사용하지 않는 게 좋죠. 짧은 글이 아닐 경우에 말이에요!

글쓰기 실력을 향상하고 싶다면 중복을 무조건 피하세요. 간혹 강조를 위해 중복이 쓰이긴 하지만, 최대한 피해야 조금은 글에 능숙해 보입니다. 중복이 자주 등장하는 문장은 어수룩해 보이죠. 그럼 우리가 피해야 할 중복을 간단하게 알아볼게요.

쓰다 보면 알겠지만 글쓰기는 초고보다 수정이 더 힘들어요. 자르자니 아깝고, 수정하자니 처음과 다른 뜻이 나오기도 하죠. 어색한 한 문장을 수정했더니 앞뒤 문맥이 맞질 않아 전체적인 글을 뒤집는 건 일상입니다. 쓰고자 했던 방향과 완전히 다른 글이 될 수도 있고, 생각지도 못했던 깊이 있는 글이 탄생할 수도 있죠. 글쓰기에서 수정은 '모험'과 같습니다. 그러나 모험을 두려워해선 안 되겠죠. 도전해야 성공이 있듯 모험 뒤엔 필력이 있으니까요.

## 1. 주어

<u>나는</u> 늘 울곤 했습니다. 웃기도 했고요. 넋을 놓다가 정류장도 놓쳐 보고, 일찍 내려 보기도 하고, 순회하는 버스 안에서 창밖으로 스치는 내 인생을 무력하게 바라보다 <u>나는</u> 바보처럼 종점까지 갔습니다. <u>당신이</u> 깃든 장소 에서 눈을 감고, <u>당신</u> 곁인 과거를 외면하고, <u>당신의</u> 흔적을 다시 보지 않 을 곳곳에 묻어 두었습니다. <u>당신</u> 때문에 괜한 일을 찾아 헤매고, 기어코 부지런하단 말을 듣곤 한 번 더 떠오르는 <u>당신</u> 생각에 고개를 휘휘 젓습니 다. 일상에 충실하다가도 깊어지는 <u>당신</u> 생각에 가슴이 저며 올 때면 차라 리 다른 고통을 희망처럼 안으며 당신을 잊습니다. <u>나는</u> 참 많이도 울었습 니다. 웃기도 했고요.

밑줄 친 글씨를 보세요. '나'와 '당신'이 자주 반복되고 있죠. 주어의 반복입니다. 주어가 필요한 문장도 있지만 그렇지 않은 문장도 더러 보입니다. 최대한 주어를 생략해 볼게요.

울곤 했습니다. 웃기도 했고요. 넋을 놓다가 정류장도 놓쳐 보고, 일찍도 내려 보고, 순회하는 버스 안에서 창밖으로 스치는 인생을 무력하게 바라 보다 종점까지 갔습니다. <u>당신이</u> 깃든 장소에서 눈을 감고, <u>당신</u> 곁인 과 거를 외면하고, 아직 놓지 못한 흔적을 다시는 보지 않을 곳곳에 묻어 두 었습니다. 괜한 일을 찾아 헤매고, 기어코 부지런하단 말을 듣고선, 한 번 더 떠오르는 생각에 고개를 휘휘 젓습니다. 일상에 충실하다가도 깊어지 는 생각에 가슴이 저며 올 때면 차라리 다른 고통을 희망처럼 안으며 <u>당신</u>

을 잊습니다. 참 많이 울곤 했습니다. 웃기도 했고요.

11개의 중복된 주어를 3개로 줄였습니다. 무의식적으로 쓰는 나쁜 버릇은 알아내는 즉시 고치도록 해요.

## 2. 단어

단어의 중복도 최대한 피해요. 뜻 차이가 크지 않다면 다른 단어를 사용하는 게 좋습니다. 단어가 중복되면 글이 지루해지기 때문이죠. [Part2 2장 단어 수집]에서 배웠던 비슷한 단어 대체 방법을 기억하나요? 중복되는 단어를 고치다 보면 내가 자주 쓰는 단어를 파악할 수 있어, 글쓰기 향상에 굉장히 도움이 된답니다. 나의 습관을 제대로 파악하고, 자주 쓰는 단어를 되도록 멀리하세요.

## 3. 문장

문장 역시 반복해서 등장하면 지루하겠죠. 같은 뜻을 담고 있는 문장이라면 문맥상 어울리는 문장을 두고 나머지 문장은 모두 지우세요.

다들 나만큼 고민하는 인생이라는 사실은 단지 내가 좀 더 견딜 이유가 될 뿐이다. 내 고민만큼 다들 고민하고 있다는 사실에 은근히 안도한다. 나만 모르는 길이 아니기에 나도 극복할 수 있단 위로로.

[다들 나만큼 ~ 사실은]과 [내 고민만큼 ~ 사실에]는 중복이므로 삭제합니다. 같은 문장을 지울 때는 이왕이면 뒤에 오는 문장을 지우는 게 좋아요. 소리 내어 읽어 본 뒤 어색한 문맥 삭제, 둘 다 어색하지 않다면 뒤에 오는 문장 삭제!

## 4. 것

'것'은 어디서든 사용될 수 있는 편리한 명사기 때문에 남발하기 쉽습니다. 그러나 '것'을 남용하면 뭘 가리키는 지 모호해져요. '것'의 사용이 많아진다면 최대한 다른 단어로 대체해 보도록 해요.

내가 유리잔을 애용하는 <u>것</u>을 사람들은 이해하지 못했다. 잘 깨지는 특성 때문에 더 좋아졌다는 내 말에 그들은 더 갸우뚱하는 <u>것이다. 그것이</u> 내 어머니의 유일한 유품이라는 <u>것</u>을 아무도 몰랐다.
→ 내가 유리잔 애용하는 <u>점</u>을 사람들은 이해하지 못했다. 잘 깨지는 특성 때문에 더 좋아졌다는 내 말에 그들은 더 갸우뚱<u>했다. 유리잔이</u> 내 어머니의 유일한 유품이라는 <u>사실</u>은 아무도 몰랐다.

상황에 따라 '것'은 어떤 물건을 지칭하는 말이 되기도 합니다. <u>'것'을 쓰지 않으려면 대체할 수 있는 후보를 세우는 게 좋죠.</u> 대체 단어로는 '점, 사실, 견해' 정도가 있겠네요. 중복을 최대한으로 줄여야 글쓰기 실력이 향상된다는 걸 항상 염두 해요.

# 0
# 1

다음 반복되는 주어를 지우고 글을 새로 써 보세요.

나는 매질을 피하기 위해 몸을 비틀었다. 내가 몸을 비틀자, 새아버지는 휘청거렸다. 나는 그 틈을 이용해 현관으로 도주하기를 시도했다. 다급하게 뻗은 나의 손이 미끄러졌다. 덕분에 나는 현관 앞에서 도로 매를 맞았다.

# 0
# 2

다음 반복되는 단어를 다른 단어로 대체해 글을 새로 써 보세요.

녹색 우산이 부러졌다. 우산은 비 오는 날만큼은 내게 보물 1호였다. 우산은 우산답게 물방울을 예쁘게 튕겨 내는데, 그런 우산 모습이 꼭 잔디 위에 맺힌 이슬을 받아먹는 것 같았다.

# 0
# 3

다음 반복되는 '것'을 지우고 글을 써 보세요.

그가 빌려 간 오백만 원은 6개월 동안 쉬지 않고 벌어 모은 돈이었다. 그 돈을 빼앗긴 것이다. 내가 그를 증오하는 것은 이상한 일이 아니었다. 배신이란 늘 유일하다고 생각했던 사람에게 당하는 것 같다. 모든 것이 원망스러워졌다.

3
3

부담스러운 과잉 표현 · · · ·

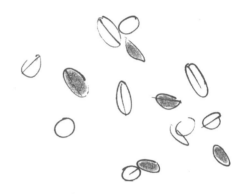

당신은 전혀 서두르는 법 없이 내게 왔다.
당신의 여유는 내게 조급함이 되어
거꾸로 걷고, 다리를 절며
허청허청 곁을 맴돌다
끝내 절벽에서 밀었다.

_애증

## 오늘의 글쓰기 수업

애증이라는 감정을 느낀 적이 있나요? 사랑하는데 미워하는 마음이 공존하는 단어죠. 곁을 맴돌다 끝내는 절벽에서 밀어 버리는 마음을 어떤 사람은 공감할 수 있지만, 어떤 사람은 "이거 너무 과한 표현 아니야?"라고 할 수 있습니다. 이번 단원에선 과잉 표현을 알아볼 건데요. 과한 표현은 읽는 사람에게 부담을 줍니다. 과잉 표현은 사실 의도하고 쓰는 사람은 없어요. 과잉된 표현인지 모르고 쓰는 사람이 대부분이죠. 글의 흐름과는 맞지 않는 단어가 튀어나오거나, 제대로 몰입도 하지 않았는데 감정이 넘쳐나거나, 뭔가를 과하게 수식하면 독자 입장에선 거부감부터 든답니다. 과잉 표현을 줄이려면 결국 수정을 철저히 할 수밖에 없겠죠!

## 1. 과잉 단어

글을 읽다 보면 전체적인 흐름과는 전혀 맞지 않는 단어들이 종종 보입니다. 이런 실수 역시 잘 보이려는 욕심에서 오곤 합니다.

늙은 손을 들여다본다. 깔깔한 살갗, 주름 사이에 패인 기억을, 상처처럼 기억되는 옛일을 어렴풋하게 떠올리며 운다. 참 잘 살아오셨어요. 식어 가는 온기가 귀착되길 바라며 손을 붙잡았다. 고생만큼 행복한 인생이 아니었음이 내 탓인 것 같아, 원망만 말아 달라며 마지막 싸늘함과 종용했다.

귀착 : 다른 곳에서 어떤 곳으로 돌아오거나 돌아가 닿음
종용 : 잘 설득하고 달래어 권함

뜻만 봤을 땐 어긋나진 않지만, 맥락상 두 단어는 어울리지 않습니다. [귀착]은 문제가 나아가지 않거나 실제 어떤 장소로 되돌아가는 모습일 때, [종용]은 문제에 부딪쳤을 때 다른 누군가를 설득하는 모습으로 쓰이기 때문이죠. 두 단어를 빼고 흐름에 맞게 문장을 수정해 볼게요.

늙은 손을 들여다봅니다. 주름 사이에 패인 기억을, 상처처럼 기억되는 옛일을 어렴풋하게 떠올리며 웁니다. 참 잘 살아오셨어요. 식어 가는 온기를 부여잡고 고생만큼 행복인 인생이 아닌 게 내 탓인 것만 같아, 목구멍에 주먹만한 돌멩이를 얹어 놓고 고문하듯 꾸역꾸역 삼킵니다.

## 2. 과잉 감정

글을 쓰다 혼자만의 감정에 빠지면 실수가 잦으니 주의해야 해요. 했던 말을 또 하거나, 주어나 접속사를 반복하거나, 같은 단어만 주구장창 나열합니다. 그중에서도 가장 위험한 건, 실수를 해 놓고 다시 읽어 봐도 실수인지 모른다는 겁니다. 수정할 땐 글을 객관적으로 바라보는 연습을 해야 합니다. 내가 쓴 글이 아니라, 아무것도 모르는 상태에서 타인의 글을 읽는다고 생각하는 거죠.

비밀번호가 맞아 떨어지는 순간 나는 네가 아직 날 떠나지 않았다는 희망에 잠시 행복해졌었다. 텅 빈 공간을 바라보고 그것은 내게 다시 더 큰 절망으로 다가왔지만 여전히 남은 네 체취에 그 안에서 행복해졌다. 네 품속에 있는 것 같은 착각이 들었다. 나는 아무것도 없는 방 안에 아기처럼 웅크리고 누웠다. 절규 대신 비스듬히 들어오는 햇살에 눈을 감았다.
모든 흔적을 지우겠다던 그날 너의 각오처럼 빈집은 새것처럼 딱딱했다. 그나마 창문 틈새로 비집고 들어온 볕이야 말로 유일한 온기였다. 넌 날 남김없이 떠났고, 내게 아무것도 남겨 주지 않았다. 남겨진 나는 네가 그리워, 아직도 이렇게 네 흔적을 흔해 빠진 햇살에서조차 찾아내고 있다. 그러나 너는 어디에도 없다. 빈집엔 네 흔적조차 없었다. 나는 혼자였다. 이제야 온몸으로 체감했다.

글에는 기-승-전-결이 있고, 감정도 역시 그에 따라 점차적으로 전개됩니다. 이를 무시하고 첫 단락부터 '고조된 감정'을 보여 주면 결말을 미리 읽은 소설과 다를 바 없겠죠. 예시에서 과잉된 부분을 수정해 볼게요.

비밀번호가 맞아 떨어지는 순간 네가 아직 떠나지 않았다는 희망에 잠시 행복해졌었다. 텅 빈 공간을 바라보고 그것은 내게 다시 더 큰 절망으로 다가왔지만 여전히 남은 그리운 체취에 그 안에서 행복해졌다. 나는 방 안에 아기처럼 웅크리고 누웠다.

[네 품속에 있는 착각이 들었다]는 불필요한 설명이고, [절규 대신]의 '절규'는 처음에 등장하기 너무 과잉된 감정이라 두 문장은 아예 지웠습니다. 이어지는 다음 문장을 볼게요.

모든 흔적을 지우겠다던 그날의 네 각오처럼 빈집은 새것처럼 딱딱했다. 그나마 창문 틈새로 비집고 들어온 볕이야 말로 유일한 온기였다. 넌 남김없이 떠났고, 남겨진 나는 아직도 네가 그리워, 흔해 빠진 햇살에서조차 흔적을 찾아내고 있다.

[너는 어디에도 없다 ~체감했다]라는 문장들은 전혀 문제되는 것 같지 않지만, 사실 과잉 감정이 불러온 부작용입니다. 이미 충분히 드러난 상황을 계속해서 되풀이해서 말하는 거죠.
감정에 빠져 의미 없는 문장을 되풀이하지 마세요. 감정이 과잉되면 실수가 잦아지고, 처음 가고자 했던 글의 방향성을 잃게 됩니다.

## 3. 과잉 수식

그를 단 한 번도 가까이서 본 적이 없었다면 나는 아마 그를 길에서 마주쳐도 타인처럼 스쳐갈 뿐 눈길이 맞닿았던 부근 어딘가에서 어둠을 가르며 빛나는 네온사인이나 고요히 흘러가는 구름의 흐름 따위를 핑계 삼아 지켜보는 일은 없었을 것이다.

예시를 소리 내 읽어 보세요. 숨이 차지 않나요? 예시는 무려 '단 한 문장'이랍니다. 주어와 서술어의 호응이 분명하더라도 이토록 수식어가 많이 붙으면, 어떤 문장이 어떤 단어를 수식하는 지 헷갈릴 수밖에 없습니다. 예시 문장의 말허리를 자르고, 단문으로 바꿔 볼게요.

그를 단 한 번도 가까이서 본 적이 없었다면/ 나는 아마/ 그를 길에서 마주쳐도 타인처럼 스쳐갈 뿐/ 눈길이 맞았던 부근 어딘가에서/ 어둠을 가르며 빛나는 네온사인이나/ 고요히 흘러가는 구름의 흐름 따위를 핑계 삼아/ 기다리는 일은 없었을 것이다.

이제 표시된 부분을 끊고 문장을 다시 써 볼게요.

그를 딱 한 번 가까이 봤다. 그날 일이 아니었다면 나는 아마 그를 길에서 마주쳐도 타인처럼 스쳐갔을 것이다. 어둠을 가르는 네온사인이나 고요히 흘러가는 구름을 핑계 삼아, 눈길이 맞았던 부근 어딘가에서 사라진 그를 기다리진 않았을 것이다.

문장을 끊었을 뿐인데 수식어가 과하단 느낌이 들지 않죠. 문장에도 흐름이 있기 때문에, 문장 자체를 '자르기만' 할 순 없습니다. 생뚱맞은 느낌이 들지 않도록 문장 전체를 수정해 주세요. 특히 문장을 자를 땐 두 문장을 자연스럽게 이어 주는 '추가 설명'과 '위치의 재배치'가 필요합니다.

# 0
# 1

매 일
세 줄

**다음 문장의 과잉 부분을 고치거나 지운 뒤 글을 새로 쓰세요.**

단지 사고였다. 아이를 놓친 건 실수였다. 실수는 죄책감 가질 일이 아니라고 했다. 계단 아래 아이가 정신을 잃고 엎드린 모습을 보곤 잠시 굳었다가, 이내 도주했다. 경박하게 달아나는 순간에도 '보모의 생활은 이제 끝이구나, 이번 달 월급은 못 받겠구나.' 따위의 파렴치한 생각들로 가득했다. 손은 벌벌 떨렸고 다리에 힘은 자꾸만 풀려 넘어졌다. 눈물은 안 났다. '끝'이란 단어만 떠올랐다. 나는 끝이었다. 끝. 갈 곳이 없었다. 더는 떨어질 절벽도 없다고 생각했는데, 이젠 정말 범죄까지 저지르고 만 것이다.

---
---
---
---
---

**tip**
❶ 감정이 과잉된 부분을 찾아, 중복된 문장과 단어를 검토하자.
❷ 어울리지 않는 과잉 단어, 과잉 수식을 정리하자.

249

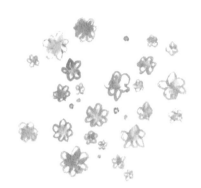

내 사랑이 변명이 되어 가는 것 같아서
모든 걸 말하지 않았다.
배려라고 생각했던 침묵이
너와 나 사이에
오해를 던져 놓고 떠나갔다.

_대화의 중요성

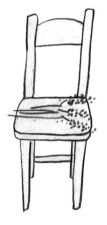

## 오늘의 글쓰기 수업

말하지 않아도 알 거라는 생각은 자칫 오해를 불러오기 쉽습니다. 그만큼 대화는 중요하죠. 글도 대화가 필요합니다.

글에 독자가 단 한 명도 없긴 힘듭니다. 일기장에 쓰지 않는 이상, 글을 쓴다면 언젠가 노출되기 마련이니까요. 그건 누구나 볼 수 있는 공개적인 방식일 수도 있고, 지인에게만 보여 주는 은밀한 방식일 수도 있습니다. 타인의 눈치를 보는 글도 좋은 글이 아니지만, 친절하지 않은 글도 마냥 좋다고는 할 수 없겠죠. 나만 알고 싶은 글은 일기장에 꽁꽁 숨겨 두고, 그렇지 않은 글엔 아래 사항을 고려해 보세요.

## 1. 쉬운 문장

글은 명료해야합니다. 한 번 읽어서 의미를 알 수 있으면 더욱 좋고요. 명료한 문장을 쓰기 어렵다면 계속 언급하지만 단문으로 연습하세요. 말하고자 하는 바가 분명해야 독자도 훨씬 이해하기 쉽답니다.

## 2. 독자는 누구인가

글을 읽을 대상은 누구인가요? 어린아이들을 위한 동화, 청소년을 대상으로 한 자기계발서, 취업을 준비하는 학생들을 위한 실용서, 육아 초보 엄마를 위한 자녀교육서까지 글에는 독자층이 있습니다. 글을 읽을 독자의 연령층과 목표를 확실하게 정해 보세요. 작가는 다양한 독자층을 가질 수 있으나, 한 개의 글은 다양한 독자층을 가질 수 없기 때문이죠. 글 하나당 '이 글은 누구에게 읽힐 것인가'를 고민해 보세요.

## 3. 배려하는 글

한 젊은이가 자살했다. 베르테르 효과였다.

'베르테르 효과'의 뜻을 알지 못하면 이해하기 어렵겠네요. 배려하는 글이란 상대를 이해시킬 줄 아는 글이죠. 전문 용어나 일반적으로 모르는 현상에 대해 쓸 땐 글에 설명이 반드시 들어가야 합니다.

한 젊은이가 자살했다. 베르테르 효과였다. 베르테르 효과는 《젊은 베르테르의 슬픔》이라는 소설 때문에 붙여진 이름인데, 이 소설로 전 유럽에선 베르테르를 모방한 자살이 유행처럼 번졌다. 그 후로 자신이 존경하는 사람이 자살할 경우 그와 자신을 동일시해서 자살을 시도하는 현상을 '베르테르 효과'라고 불렀다. 그는 가수 H씨의 자살 소식을 듣고 한동안 식음을 전폐했다.

설명의 위치는 상관없습니다. 서두에 설명하고 들어가거나, 글 속에 자연스럽게 녹여도 되고요. 단어 풀이를 각주에 적어 놓는 방법도 괜찮습니다. 전문가를 대상으로 하는 책이 아니라면 독자가 편하게 이해할 수 있도록 배려하는 것도 작가의 몫이죠.

## 0
## 1

글에 주제가 분명한 지 스스로 확인해 보세요.

## 0
## 2

친한 지인 3명에게 글을 보여 주고, 내용 전달이 잘 되었는지 확인해 보세요.

# 0
# 3

전달력이 부족했다면, 왜 부족했는지 이유를 써 보세요.

한 번 더 읽으면 보이는 것

평소에 너를 가장 잘 아는 사람은 나인데
어떤 날은, 나만 너를 모르는 사람 같다.

_연인

## 오늘의 글쓰기 수업

영화도 다시 봤을 때 다른 느낌이 들 듯, 글도 한 번 더 읽었을 때 다른 점이 보이기도 합니다. 느낌뿐만 아니라 오타나 흐름이 다르게 느껴질 수도 있죠.

고쳐 쓰기는 결국 점검입니다. 아무리 잘 써진 글도 검토하듯 한 번 더 훑어보세요. 글의 흐름 위주로 보면 됩니다. 단어 선택은 적절했는지, 단락의 순서는 적당한지, 과한 부분은 없는지, 쓸데없는 문장의 중복은 없는지를 우선적으로 보는 거죠. 흐름을 다 검토했으면 아래 사항들을 한 번만 더 점검해 보도록 해요. 검토는 최소 세 번입니다. 기왕이면 연속으로 보는 것보다 시간 간격을 두고 점검하는 걸 추천해요. 그래야 다른 부분들이 눈에 더 들어올 테니까요.

## 1. 가독성은 충분해?

가독성이란 인쇄물이 얼마나 쉽게 읽히는 지의 정도를 말합니다. 가독성이 좋다는 건 결국 읽기 편한 글인데, 이는 단순히 쉬운 문장을 말하는 건 아닙니다. 가독성 점검은 외적과 내적으로 나눠서 점검하도록 해요.
외적으로 읽기 편한 글은 왼쪽 정렬인지 가운데 정렬인지부터 단락의 배치, 간결한 문장, 적절한 어휘가 자연스럽게 어우러져야 합니다.
내적으로는 지루하진 않은지, 계속 읽고 싶은지에 중점을 두고 글을 읽어 보세요. '내가 독자라면 이 글을 끝까지 읽을 수 있을까?'라는 질문을 던지면 쉽겠죠? 가독성 좋은 글은 '끝까지 읽히는 글'입니다.

## 2. 산만한 글은 아니야?

어쩔 수 없이 글을 써야 하는 상황이라면 굳이 말리지 않겠지만, 아프거나 졸릴 때 글 쓰는 걸 추천하진 않습니다. 글도 머리를 사용해야 하니까요. 정신이 맑지 않으면 글이 어수선해지겠죠. 내가 산만한 상태라면 문장 역시 산만해집니다. 만일 몽롱한 상태로 글을 썼다면 충분한 휴식을 가진 뒤 글을 다시 보세요. 아마 수정해야 할 곳이 수두룩하게 발견될 걸요?

### 3. 오탈자를 보물처럼 찾자!

맞춤법이나 띄어쓰기가 제대로 되어 있지 않은 글자들을 통틀어 오탈자라고 해요. 오탈자는 거의 끊임없이 나온다고 봐도 무방합니다. 열 번을 보면 열 번 다 오탈자가 나와요. 어느 정도 글에 익숙해지면 그 횟수가 줄어들겠지만, 작가조차 피해갈 수 없는 게 오탈자랍니다. 오탈자는 '한국 문법 맞춤법 검사기'를 통해 점검할 수 있습니다.

### 4. 독자를 의식하진 않았어?

앞에서 배웠던 읽는 사람의 취향과 작가의 소신 그 어디쯤 서야 한다는 말 기억하세요? 대중성을 가미하기 위해 독자를 염두 하는 건 좋지만, 독자를 의식해 유식해 보이는 단어를 남발하거나 그럴 듯한 가식적인 문장이 보인다면 곧장 지우도록 해요.

# 0
# 1

앞에서 썼던 짧은 글 3개를 골라 검토해 보세요.

# 족집게
# 리뷰란

문화를 즐기는 사람들이 부쩍 늘었습니다. 문화인이 많아지는 만큼 콘텐츠의 수준이 올라가고, 그 콘텐츠를 평가하는 사람들 역시 늘어났죠. 책, 영화, 연극, 뮤지컬, 심지어 드라마, 예능까지도 추천받아 봅니다. 블로그나 SNS 등 자신만의 공간에 리뷰를 남기고, 다수의 사람들이 서로의 의견을 나누며 정보를 공유하기도 합니다.

리뷰를 몇 개만 봐도 알겠지만, 인터넷엔 의외로 비슷한 리뷰가 많습니다. 리뷰 법칙이 따로 있는 걸까요? 모든 글에는 '형식'이 있습니다. <u>리뷰의 기본 형식은 '콘텐츠 소개(줄거리 한 줄 요약, 예고편 소개) – 목적 (추천 or 비추천) – 추천 이유'겠죠.</u> 그럼, 족집게 리뷰를 쓰는 몇 가지 팁을 알아볼게요.

## 1. 경험을 바탕으로 한 명확한 이유

리뷰 쓰는 목적은 두 가지로 나뉩니다. 추천과 비추천. "좋으니 너도 경험해라." 또는 "별로였으니 잘 생각해 봐라."는 의견이요. <u>리뷰는 글의 목적이 정해져 있으니 '어떻게 전달할 것인가'가 중요합니다.</u> 추천하는 글에는 왜 추천하는 지, 비추천 글에는 왜 추천하지 않는 지 이유가 분명하게 드러나야 하죠. "배우 연기가 너무 좋아요.", "스토리가 좋아요." 정도의 장점은 콘텐츠를 직접 접하지 않은 사람도 말할 수 있습니다. 리뷰는 실제 경험했다는 '후기'를 강조하며 추천하는 이유를 명확하고 실감나게 기재해야 합니다.

영화 〈신비한 동물사전〉 리뷰를 추천글 목적으로 작성한다고 가정해 볼게요. 먼저, 추천 이유를 간단하게 정리해요.

① 독창적인 상상력으로 만들어 낸 스토리
② 4D 효과
③ 배우의 연기

그럼 이제 추천 이유의 근거를 간단하게 적어 볼까요?

① 독창적인 상상력으로 만들어 낸 스토리
파니니를 만드는 과정이 상당히 환상적이었다. 요리를 좋아하는 퀴니 골드스틴에게 요리란, 공중에 지팡이를 휘두르는 것이었다. 갓 구운 파니니는 오븐이 필요하지 않았다.

② 4D 효과
신비한 동물들이 등장할 때마다 나오는 효과가 인상적이었다. 특히 중요한 역할을 해 준 천둥새 '프랭크'가 등장했을 때 나온 모션체어 바람 효과는 날개짓에 생동감을 더했다.

③ 배우의 연기
순수해 보이면서도 눈빛 속이 텅 비어 보이는 묘한 매력을 가진 에디

레드메인은 이곳에서 역시 신비로운 얼굴을 하고, 해괴한 동물들을 돌본다. 동물 외엔 아무것도 모르는 에디 레드메인이 동물을 빼앗겼을 때 망연자실한 표정을 소름끼치도록 잘 표현했다.

이제 정리된 이유를 토대로 리뷰를 작성해 보세요.

《신비한 동물사전》은 원래 동화책이다. 해리포터의 세계관을 바탕으로 만들어 진 이 영화는 해리포터보다 더 이전의 시점에서 이야기를 전개한다. 대사에 가끔 등장하는 '호그와트 마법학교'는 그저 반갑기만 하다.

독창적인 상상력으로 만들어 낸 스토리는 촬영 기법 역시 환상적이었다. 특히 퀴니 골드스틴이 파니니를 만드는 장면이 인상적이었는데, 공중에 지팡이를 휘두르니 갓 구운 파니니가 나왔다. 오븐은 필요하지 않았다.

4D효과도 적절했다. 효과는 신비한 동물들이 등장할 때마다 숲의 향기, 바람의 방향, 번개의 조명 등 동화적인 분위기에 몰입할 수 있도록 도왔다. 특히 중요한 역할이었던 천둥새 '프랭크'가 등장했을 때 나온 모션 체어 바람 효과는 날개짓에 생동감을 더했다.

동물학자 뉴트 스캐맨더 역할을 맡은 에디 레드메인은 〈대니쉬 걸〉에서도 익히 눈 여겨 봤는데, 이곳에서 역시 활약했다. 동물 앞에선 해맑고, 동물 외엔 무관심하다. 순수해 보이면서도 눈빛 속이 텅 비어 보이는 묘한 매력을 가진 에디 레드메인의 눈동자가 이곳에서의 분위기를 신비롭게 살렸다. 그가 동물을 빼앗겼을 때 망연자실했던 얼굴을 소름끼치도록 잘 표현해, 오래도록 기억에 남을 것 같다.


## 2. 키워드를 찾아라

태그라는 게 있습니다. 요즘 말로 '키워드'라고도 하는데요. 리뷰를 쓰기 전 내가 '찾고자 하는 정보'를 먼저 고민해 보세요.

연극을 보러 간다고 가정해 볼게요. 찾으려는 정보는 어떤 게 있을까요? 우선 위치, 가격, 줄거리, 극장 규모가 궁금할 거예요. 그 외 추가적으로 할인은 어떻게 되는지, 배우의 연기력은 어떤지, 소극장의 의자가 편안한지, 의자의 간격이 너무 좁진 않은지 등의 사항이 궁금할 수 있겠죠. 리뷰의 키워드는 바로 '내가 궁금할만한 것들'입니다. 내가 궁금할만한 질문의 답을 찾아 리뷰로 작성하세요. 이때, 다른 리뷰를 읽을 필요 없이 내 리뷰만으로 모든 정보를 알 수 있도록 쓰는 거예요. 사람들은 시간 대비 효율적인 리뷰를 선호하니까요.

## 3. 장르에 따라 달라지는 리뷰

리뷰는 책이나 영화, 연극이나 뮤지컬처럼 콘텐츠에 따라 내용을 다르게 작성할 것 같지만, 아닙니다. 리뷰 내용은 장르에 따라 결정된답니다. 책으로 예를 들어 볼게요. 철학 도서와 자기계발 도서가 있습니다. 두 서적 모두 '책'이라는 콘텐츠지만, 리뷰 내용은 다르게 작성해야 합니다. 철학 도서의 리뷰는 그 안의 철학을 요약 정리하면 좋습니다. 그러나 한 사람의 성공담이 담긴 자기계발서라면 내용을 요약해서 늘어놓는 것보단 그들의 인생을 읽고 느낀 점, 얼마나 공감되었는지, 얼마나 술술 읽혔는지를 쓰는 편이 더 좋습니다. 성공담이 담긴 서적의 줄거리를 요약정리 했다고 상상해 보세요. 결말을 알고 읽는 책은 그만큼 재미가 덜하지 않을까요? 철학 도서와 자기계발 도서는 애초에 전달 목적이 다르기 때문에 리뷰 내용이 같을 수 없습니다.

영화 역시 장르에 따라 리뷰를 쓰는 방법이 달라진답니다. 로맨스와 액션, 두 장르의 영화가 있어요. 로맨스는 '주인공 두 남녀가 오해는 서로 풀었는지, 다시 만나긴 하는 지, 마지막까지 함께 있는 지' 줄거리 위주의 궁금증이 생깁니다. 반대로 액션은 그렇지 않습니다. 주인공이 죽는지 안 죽는지 결말에 대한 궁금증보단 '악당을 얼마나 화려하게 죽였는지, 액션은 얼마나 화려한지'가 더 중요합니다. 영상에 긴장감이 있느냐 없느냐가 액션에선 생명이기 때문이죠.

이제 리뷰를 어떻게 써야 할지 감이 오지 않나요? 로맨스 영화 리뷰를 쓸 땐 말랑말랑한 줄거리 위주의 리뷰를, 액션 영화는 그 액션이 얼마나 화려했는지, 영상미는 어땠는지 느낌 위주로 리뷰를 작성해 보세요. 리뷰는 하나만 기억하면 됩니다. '나라면 어떤 게 궁금할까?'

## 4. 쉽고 가볍게 쓰기

리뷰는 한 페이지를 되도록 넘기지 마세요. 평론을 하는 게 아니라 말 그대로 '후기'를 작성하는 거니까요. 읽는 사람도 짧고 강렬한 리뷰를 원한답니다. 앞서 추천과 비추천의 이유를 간단하게 적어 보라고 한 것도 이 때문입니다. 의견에 대한 근거를 적더라도 최대 세 줄 이상 넘어가지 않도록 쓰세요. 내가 어떻게 그 영화를 보게 되었고, 내가 왜 그 책을 사게 되었는지는 다른 사람들에게 중요하지 않습니다. 사적인 이야기를 꼭 하고 싶다면 유쾌하게 쓰세요! 거듭 강조하지만 리뷰는 평론이 아니라 후기니까요.

**PART**
**5**

글쓰기 시작보다 어려운 건 유지!

# 1장
## 기본다지기
알지만, 지키기 어려운

책 살 때의 마음을
떠올려 보기!

밥은 제때 챙겨 먹기, 인스턴트 많이 먹지 않기, 일찍 자고 일찍 일어나기, 규칙적인 생활하기 등 우리는 어떤 생활을 해야 건강한지 누구나 알고 있습니다. 누구나 알고 있고, 어려운 일도 아닌데 왜 우리는 이런 기본을 지키는 걸 힘겨워할까요? 아무리 쉬운 일이어도 뭐든 꾸준히 한다는 건 어려운 일입니다. 이제 글쓰기 과정은 모두 마쳤으니 꾸준히 해야 할 사항들을 한 번 더 짚고 넘어가도록 해요. 알지만 지키기 어려운 기본! 잊어버릴 때마다 읽고 또 읽어요!

두
렵
다
면
·
이
론
은
·
잊
어
·
라

후반부에 오니 이론이 기억나지 않는다고요? 책 한 번 읽고 머릿속에 모든 내용이 암기된다면 그야말로 천재 아니겠어요? '내가 이 이론을 다 적용시켜서 글을 쓸 수 있을까? 지금 쓰고 있는 문장이 이론과 맞아 떨어지는가?' 같은 걱정들이 먼저 앞서면 시작도 못한답니다. 두렵다면 이론은 잠시 잊으세요.

1. 생각나는 거 무작정 쓰기
2. 쓴 내용을 주제삼아 짧은 글 쓰기
3. 자르기
4. 고쳐 쓰기
5. 검토하기

글쓰기 과정을 요약하자면 이렇습니다. 두려움이 앞서 첫 단계인 '무작정 쓰기'가 진행되지 않으면 아무런 의미가 없겠죠! 조급해하지 말고 글쓰기 과정을 하나씩 밟아가도록 해요. 이것저것 생각하느라 머리가 복잡하다면, 일단 쓰세요!

책이 후반부로 올수록 처음 책을 살 때의 마음과는 조금 달라졌을 거예요. 꼭 글쓰기뿐만 아니라 뭐든 초심을 유지하기는 쉽지 않으니까요. 그럴 땐 이미지 트레이닝을 하세요. 가장 글을 쓰고 싶었던 때를 회상하는 거죠. 글쓰기를 배우고 싶던 순간을 자세하게 떠올리며 그때 했던 행동들을 되짚고, 당시에 했던 생각까지 다시 떠올려 보세요. 그 순간은 글쓰기 책을 집어 들 때일 수도 있고, 드라마를 보다가, 혹은 책 어느 한 구절을 읽다가 찾아온 순간일 수도 있습니다.

실제 성공한 사람들의 대부분이 이미지 트레이닝을 습관화했고, 과거 상처가 있는 사람들의 치료 방법으로 이미지 트레이닝이 사용되기도 한답니다. 이미지 트레이닝은 그만큼 검증된 방법이죠. 초심을 잃어버렸을 땐 이미지 트레이닝을 활용합시다!

## 다독의 중요성

책을 안 읽어도 글을 잘 쓰는 사람은 있지만, 책을 많이 읽는데 글을 못 쓰는 사람은 없습니다. 다독은 그만큼 중요하죠. 태어나서부터 책과 친한 사람도 물론 있으나, 그렇지 않은 사람이 더 많습니다. 저 역시 그랬고요. 아래는 책 읽기 힘들 때 제가 쓰던 방법 몇 가지를 소개해 볼게요.

### 1. 정독하지 마라

아무래도 정독으로 많은 책을 읽는 게 가장 좋겠죠. 그런데 정독하다 지쳐서 중간쯤 포기해 버리면 다음 책을 펼쳐 보기까지 오랜 시간이 걸립니다. 이럴 땐 다른 책으로 바꿔서 읽거나, 지루한 부분을 건너뛰고 읽으세요. 그것도 지루하면 인터넷에서 줄거리 요약본을 찾아보고, 책을 다시 읽도록 해요. 책 읽는 버릇이 들지 않았다면, 책을 '제대로' 읽는 것보다 책에 흥미를 갖는 게 먼저입니다.

### 2. 번갈아 가면서 보자

책 장르를 번갈아 가면서 읽으세요. 오늘은 시집을 읽다가 다음 날엔 소설을 읽고, 그 다음 날엔 에세이를 읽는 거죠. 일주일 동안 세 권의 마지막 장까진 읽지 못하더라도 세 권 모두 중후반까진 읽을 수 있습니다. 진도가 안 나가는데 한 권을 전부 읽을 때까지 붙잡고 있다면 그 한 권마저 다 읽지 못한 채 접을 수도 있겠죠. 집중이 잘 되지 않을 땐 뒷부분을 남겨 둔 게 찜찜하더라도 그날그날 원하는 책을 읽으세요. 우울할 땐 심리학을, 따분할 땐 소설을, 감성에 젖은 날엔 시집을 들춰 보는 거예요.

## 3. 틈틈이 보자

시간을 정해 놓고 책을 읽는 건 더 쉽지 않아요. 읽는 습관이 안 되어 있다면 책상에 앉아 있는 자체가 곤욕이죠. 그럴 땐 시간을 정해 놓지 않고 틈날 때마다 책을 들춰 보는 게 좋습니다. 특히 이동할 때 책 읽는 것을 권장해요. 이동하며 책 읽는 습관을 들이면 그 다음부턴 틈틈이 책 읽는 습관이 생길 거예요.

## 4. 일 년 목표 권수를 정하자

무리하지 않는 선에서 일 년 목표 권수를 정해 보세요. 목표는 계획을 만들고, 계획은 실천의 원동력이 되니까요. 독서를 즐길 줄 아는 사람들은 매년 100권의 목표를 세운다고 해요.
몇 권을 목표로 할지 모르겠다면 처음엔 30권을 목표로 세워 보세요. 일 년치고는 적은 권수 같지만, 일 년이 약 52주라고 봤을 때 2주에 책 한 권씩 읽는 셈이랍니다. 사실 사회생활을 하면서 2주 안에 책 한 권 읽기도 빠듯하죠. 하지만 감히 도전 못할만한 일도 아닙니다. 현실 가능한 목표를 세우고, 시간을 현명하게 활용해 봐요.

## 5. 흥미로운 장르부터 시작하자

사람마다 흥미로워하는 장르가 다르죠. 문학과 비문학, 소설과 시, 수필과 기사 등 나눌 수 있는 장르가 다양합니다.

책과 친해지기 위해선 내가 가장 흥미로워하는 장르가 무엇인지부터 찾아보세요. 영화를 참고하면 쉽겠죠. 공포나 스릴러 장르를 선호한다면 추리소설, 로맨스 영화를 선호한다면 달달한 로맨스 소설, 허무맹랑한 내용보다는 현실적인 영화를 선호한다면 에세이를 읽는 거죠. 평소 로맨스를 좋아하는데, 두꺼운 추리 소설을 읽는다면 그것만큼 지루한 게 없을 거예요. 좋아하는 장르의 책을 읽으세요. 책이 익숙해지고도 편식하면 안 되겠지만, 골고루 먹기 위해서 일단 먹어야겠죠!

르네 데카르트는 "좋은 책을 읽는다는 건 과거의 가장 훌륭한 사람들과 대화하는 것"이라고 했습니다. 책 읽는 습관을 기르기 위해선 먼저 책과 친해져야 합니다. "많이 들어서 뻔해요!" 할 수 있겠지만, 누구나 하는 말인 만큼 정답인 거예요. 사람이 경험할 수 있는 한계는 늘 정해져 있으니 다양한 경험을 원한다면 다독하세요!

이젠 처음부터 끝까지 강조하는 사항이 몇 가지 보일 거예요. '처음임을 인지하고, 미숙함을 받아들여라.'가 첫 번째, '일단 써라.'가 두 번째입니다.

작가 매들렌 렝글은 '영감은 당신이 쓰고 있을 때 온다.'고 했습니다. 글이 안 써질 땐 물론 쉬어야 합니다. 하지만 휴식이 길어져선 안 돼요. 제임스 홀은 '빈둥거리는 것도 작가의 삶의 생산적인 부분'이라고 말했지만, 이건 작가의 경우죠. 많이 써 보지 않고 글이 잘 써지길 바라는 건, 물에서 놀아 보지도 않고 수영 대회에서 일등하길 바라는 것과 다름없습니다.

잘 쓰고 싶다면 많이 쓰세요! 글을 직업으로 삼는 작가 역시도 늘 글이 잘 써지는 건 아니랍니다. 5분 만에 시 한 편을 뚝딱 지었는데 무척 마음에 드는 날이 있는가 하면, 4시간 동안 고작 한 페이지를 썼는데도 전혀 마음에 안 드는 날도 있죠. 한 가지 명심해야 할 건 많이 써야 '잘 써지는 날'의 확률이 더 늘어난다는 겁니다. 글의 감각이 어느 정도 익을 때까진 하루 10분 매일 세 줄씩이라도 써 보세요!

# 2장 홀로 서기

## 외롭고, 외로워야 하는 작업

격하게
아무것도 하기 싫다!!

우리는 글의 평가로부터 자유로워져야 합니다. 쓴소리를 조언으로 받아들일 줄 알고, 맹목적인 비난은 멀리할 줄 도 알아야 하죠. 그 기준을 누가 명확히 알려주진 않습니 다. 글의 평가 자체가 주관적이니까요. '얼마나 발전하느 냐'는 이제부터 자신과의 싸움입니다!

## 조언자와 감시자를 구분하자

글에는 평가가 따라다닙니다. 이게 말이 되냐며 따져 묻는 독자가 있는가 하면, 반대로 감동의 눈물을 흘리는 독자도 있죠. 앞서 말했듯 '평가'에 관해서 글쓴이는 멀어져야 합니다. 평가를 들을 때 해야 할 일은 하나죠! 바로 조언자와 감시자를 구분하는 것.

조언자와 감시자를 구분하는 방법은 의외로 간단합니다. 비난에 근거가 명확한지 아닌지를 생각해 보세요. 비난하는 상대의 의중은 중요하지 않습니다. 트집이 목적이라 할지라도 명확한 근거를 제시할 수 있다면 그 비난은 때론 조언이 되곤 해요.

우유부단한 여자 주인공, 바람둥이 남자 주인공인 한 소설로 예를 들어 볼게요. 친구들의 만류에도 여자 주인공은 남자 주인공을 멋대로 만나더니 결국 버림받고 홀로 슬퍼합니다. 이때 누군가는 "사랑과 전쟁이냐. 이게 무슨 막장 스토리냐."라고 할 수도 있고, 누군가는 "매사에 우유부단한 여자 주인공이 친구들의 말에도 흔들리지 않고 바람둥이를 계속 만난다는 설정이 부자연스럽다. 이 캐릭터는 일관성이 없다."라고 한다면 그건 조언입니다.

마지막으로 더 중요한 건 글쓴이의 마음입니다. 글쓴이가 받아들일 마음이 있어야 조언 역시 받아들이겠죠. 글의 실력을 계속해서 발전시키고 싶다면 여러 사람의 조언을 들어 보세요. 쓴소리일수록 좋습니다. 물론 조언을 듣고 글의 방향을 헤매선 안 됩니다. 많은 시각에서 글을 바라보는 연습을 하세요.

사랑받고 싶다고 '대중성만' 갖춘 글은 쓰지 마세요. 내 목소리가 없는 글은 결국 속은 빈껍데기일 뿐이죠. 가까스로 순간적인 공감은 살 수 있을지 몰라도 가슴에 꽂히는 한 문장이 될 수 없으니까요. 내 세계를 구축하지 않는 사람은 글쓰기 실력이 향상될 수 없답니다. 노래로 예를 들면, 누구나 다 좋아하는 유명 S가수의 모창, H가수의 모창을 완벽하게 해내지만 정작 본인 노래 스타일은 전혀 없는 사람이죠. 그만큼 개성은 중요합니다.

글을 쓰는 목적이 무엇인가요? 말하고자 하는 건 뭐가요? 혹시 남을 흉내 내고 있진 않나요? 나만의 목소리를 찾기 전까지 스스로에게 끊임없이 질문을 던져 봐요.

# 3장 끈기의 중요성

## 루트 없는 마라톤···

30분째 직진중!

글에는 점수도, 등수도 없기 때문에 얼마나 더 해도 '끝'
이 없습니다. 발전하고 싶다면 더 노력하면 되고, 이 상태
로 만족한다면 멈춰도 됩니다. 그 길이 비탈길인지 오르
막인지 내리막인지조차 알 수 없어요. 한 마디로 루트 없
는 마라톤이죠. 모두가 결승점이 없는 마라톤 중이라면
최종 승자는 '가장 끈기 있는 사람'이 될 거예요. 나는 어
디까지 달리고 싶나요?

## 0
## 7

## 핑계는 널렸다

누구에게나 학창시절이 있습니다. 공부를 잘했건 못했건 시험 스트레스를 안 받아 본 사람은 없겠죠. 시험 기간을 한 번 떠올려 보세요. 공부할 양은 분명 정해져 있는데, 미루고 미루다 늘 벼락치기를 합니다. 우리는 해야 할 일을 왜 미뤘던가요? 지금은 생각나지도 않는 사소한 이유였을 거예요. 글도 마찬가지입니다.

일이 많아서, 피곤해서, 안 써져서, 글을 피할 수 있는 핑계는 다양하게 존재합니다. 하지만 글쓰기는 누군가 시켜서 하는 일이 아니죠! 그렇다면 여러 이유로 위장한 핑계들은 고이 접어 두고 책상 앞에 일단 앉아 보세요.

글은 쓰는 내내 '내면의 재정비'를 요구한답니다. 수많은 유혹과 핑계들로부터 벗어나는 건 일차적인 싸움일 뿐이며, 내면을 가다듬고 글로 옮겨 적는 과정이 이차 싸움입니다. 자꾸 핑계 대고 글쓰기를 미룬다면 차라리 실현 가능한 계획을 새로 세워요.

시작했다면 끝까지 완성할 것! 물론 시작은 쉽게 할 수 있으나, 끝맺음은 아무나 할 수 없답니다. 그렇게 그 글이 시던, 단편 소설이던 완벽하게 완성했다면 스스로를 칭찬해 주세요. 자신을 끊임없이 채찍질하고 다독이는 것도 글쓰기 과정 중 하나랍니다.

풀리처 상 수상자인 작가 애니 딜라드는 "최고로 잘 써질 때 글을 쓰는 것이 과분한 은총을 받는 일이라는 생각이 든다." 고 했습니다. 작가 역시 잘 써지는 날보다는 안 써지는 날이 훨씬 많다는 걸 아시나요? 글을 쓰고 싶은데 쉽게 아이디어가 떠오르지 않을 때, 이 방법을 써 보세요.

### 1. 첫 문장 만들기

전혀 아이디어가 떠오르지 않을 때 아무렇게나 첫 문장을 만들어 보세요. 어려운 문장 말고, '나는 ○○다.', '너는 ○○다.', '○○이(가) 죽었다', '○○는 떠나갔다'처럼 다음 내용이 이어질만한 문장을 간단하게 적어 보는 거죠. 그래도 다음 문장에서 막히나요? 그럼 다음 방법을 볼게요.

### 2. 붙잡고 있지 마라

글은 책상에 앉아 있지 않는 순간에 나올 수도 있답니다. 365일 책상에만 앉아 글을 쓴다면 생동감 있는 글감이 찾아오지 않겠죠? 너무 안 써질 때는 머리를 쉬어 주는 게 좋습니다. 책을 읽거나 영화, 드라마를 보고 전시회에서 여유로운 시간을 보내요. 글을 써야 한다는 생각도 버리고 그저 노는 거죠. 산책이나 운동을 해도 좋습니다. 머리를 비울 수 있는 자신만의 방법으로 다시 책상에 앉아 쓸 수 있는 에너지를 만들어 보세요.

## 3. 그러나 붙잡아라. 일단 써라

머리를 비우고 왔는데, 책상에 앉으니 다시 원점일 때가 있어요. 그럴 땐 붙잡고 있던 글은 놓고 다른 걸 써 보세요. 일기나 편지, 감상문도 좋아요. 쓰던 것과는 아주 다른 성향의 글을 쓰는 것도 좋은 방법이에요. 짧은 글을 쓰고 있었다면 긴 글을, 시를 쓰고 있었다면 소설로 바꿔 써 보는 거죠. 미국의 소설가 메들렌 렝글은 "영감은 당신이 쓰고 있을 때 온다."고 했습니다. 일단, 쓰세요!

## 4. 일탈하라

일탈이라고 하면 거창한 것을 상상하지만 일상에서 일탈이란 생각보다 별 게 아니랍니다. 늘 지나치던 길 대신 다른 길로 돌아 걸어 보고, 늘 가던 카페 대신 새로운 카페를 들어가는 거죠. 낯선 동네에 가서 아무 건물이나 들어가 구경하고, 타 본 적 없는 버스에 무작정 올라 끌리는 곳에서 내리는 거예요. 색다른 경험은 우리에게 아이디어를 줍니다. 당장 할 수 있는 새로운 순간들을 경험해 보세요.

## 5. 베껴 쓰자

베껴 쓰기를 전문 용어로 '필사'라고 합니다. 필사는 실제로 작가들이 많이 하는 공부 방법이에요. 베껴 쓰는 행위는 글이 안 써져도 얼마든지 할 수 있는데, 필사를 하다 보면 영감이 많이 찾아오곤 합니다. 그럼 필사는 어떤 책을 하는 게 좋을까요? 저는 한국 단편 소설을 추천합니다. 외국 소설은 번역체라 번역체 문장에 익숙해지기 쉽고, 장편 소설은 지쳐서 중도에 포기할 가능성이 높아요. 장편보다는 호흡이 짧은 단편 소설을 필사하는 게 좋고, 단편 소설 역시 길게 느껴진다면 시를 필사해도 좋습니다. 필사는 작가의 의도를 더 명확하게 파악하고, 문장력을 향상하는 데 많은 도움을 준답니다.

## 6. 감정 받아들이기

글이 써지지 않는 이유엔 두려움이 원인인 경우가 많습니다. 단순히 '생각이 안 나서'라기보다는 할 말은 많지만 감정을 드러내는 데 익숙지 않거나, 어디까지 드러내도 괜찮을지, 이 글을 누군가 본다면 나를 어떻게 생각할지 등 여러 가지 걱정과 두려움으로 인해 섣불리 글이 안 써지는 거죠. 그럴 땐 두려움을 당연하게 받아들여 보세요. 창작하는 과정에서 두려움이 없다면 그 글엔 '깊이'가 없는 거나 다름없어요. 그만큼 고민하지 않았으니까요. 하나의 글이 탄생되기까지 작가는 수없이 흔들리고, 주저앉습니다. 두려움을 거부해선 안 돼요. 내 감정을 있는 그대로 수용하는 노력을 해 봐요. 두려움이 사라지면 어수선했던 할 말이 단순하게 정리될 거예요.

옛 선조들이 기우제를 언제까지 지냈는지 아세요? 바로 '비 올 때까지'랍니다. 사람들은 모두 성공하는 방법을 알고 있습니다. 끝까지 노력할 용기가 없을 뿐이죠. "포기하지 않는 것에 길이 있다."라는 말도 있잖아요? 포기가 곧 실패랍니다. 주변에 실패를 기회삼아 일어서는 사람들이 있습니다. 결국 어떤 좌절에도 포기하지 않고 노력하는 사람이 마지막엔 승리하는 것이죠. 어느 정도에 올라서기까진 '어느 정도 이상의 노력'이 필요합니다. 무언가를 얻기 위해선, 얻으려는 무언가의 가치보다 더한 노력이 필요하다는 걸 잊지 마세요!

다음 순서대로 글을 완성해 보세요.

1. 다음 쓰고 싶은 주제(글에 담고 싶은 내용)를 쓰세요.

2. 위 주제의 내용을 생각나는 대로 쓰세요.

## 3. 쓴 글의 쓸모없는 부분을 잘라 보세요.

**예** 설명하는 글, 쓰지 말아야할 표현, 번역체, 빼도 좋을 장신구, 중복 표현 등

## 4. 위 글을 소리 내어 읽어 보고, 부자연스러운 부분을 수정하세요.

**예** 단어 수정, 문단 위치 수정, 서술어 수정 등

5. 수정 완료한 글을 다시 3번 더 읽으며 검토하세요.

6. 완성된 글을 예쁘게 정리해 보세요.

# SNS 업로드 사진,
# 고민되는 한 문장

이제 블로그도 꽤 상업화가 되어, 요즘엔 개인 SNS의 솔직 후기를 찾아보는 사람들이 많아졌습니다. SNS를 통해 유명해지는 메이커 없는 제품들이 속속히 등장하면서 그 열풍은 더해졌죠. 젊은 사람들은 밥집도 꼭 '맛집'을 검색해 보고 가곤 하죠.

이 모든 현상은 바로 '카메라의 등장' 덕입니다. 화질이 좋아진 스마트폰으로 아무 때나 사진을 찍는 건 물론이고 자동 보정 기능까지 갖춘 데다 음식 사진만 전용으로 찍는 어플까지 등장했어요. 누구나 손쉽게 예쁜 사진을 찍을 수 있으니, 사진을 취미로 갖는 사람들도 많아졌죠.

자, 사진을 예쁘게 찍었으니 이제 자랑하고 싶죠! 그리고 우리는 SNS에 사진 한 장을 올리며 바로 아래 무슨 말을 붙여야 할지 많은 고민을 합니다. 고작 한두 줄을 쓰는데 무슨 시간이 그렇게 많이 필요한지 모르겠어요. 사진 아래 들어갈 수 있는 다양한 형식의 글을 크게 세 가지로 분류해 봤습니다.

### 1. 후기형

사진도 종류를 나눠 보자면 음식, 풍경, 인물 이렇게 세 가지의 테마가 있습니다. 음식과 풍경 사진엔 정보형과 후기형이 모두 가능한데 먼저 정보형이란, 갔던 곳의 위치나 가격을 간단하게 공유하는 내용입니다. 예를 들어 돈까스 사진을 올렸다고 가정해 볼게요. 정보형은 [OO 3대 천왕 맛집 순이네 치즈돈까스!] 라고 위치를 전달하거나, [4500원의 행복~]이라며 간접적으로 가격을 알리죠. 후기형은 [튀김옷과 속이 적절하게 잘 익어서 맛있었던 저렴한 돈까스]처럼 맛 평가와 정보를 동시에 씁니다. 정보와 느낀 점이 골고루 들어간다면 그건 후기형이죠. 요즘 SNS 홍보는 대부분 이처럼 후기형으로 쓰입니다. 그만큼 후기형은 다른 사람들에게 무난하게 읽히면서 유익한 정보를 전달할 수 있는 업로드 방법이랍니다.

## 2. 설명형

사진의 관련된 에피소드를 설명하는 방식입니다. 사진만 있다면 재미없을 포스팅이 부가 설명으로 좀 더 읽는 이의 재미를 돋워 주죠. 예를 들어 일본 여행 포스팅이라고 해 볼게요. 햄버거 가게에서 찍은 평범한 셀카 사진 아래에 [거리를 돌아다니다 또 먹기. 하루 종일 히토츠! 히토츠!를 여러 번 외쳤다.]고 덧붙이는 거죠. 오사카 거리에서 찍은 사진일 경우 [헌팅의 거리로 유명하다는 오사카 밤거리. 어쩐지 액세서리 치렁치렁한 젊은 오빠들이 많더라. 여자는 태닝한 언니들이 많고.]라는 오사카의 생생한 밤거리를 나름대로 재현해 볼 수도 있고, 초밥 사진이 유독 많은 일본 여행이라면 아래 [당분간 초밥은 입에도 안 댈 거다.]라며 재치 있게 코멘트를 달 수도 있습니다.

## 3. 감성형

사람들이 가장 어려워하는 게 바로 감성형 코멘트랍니다. 위 두 가지 유형은 '사실'을 있는 그대로 전달하기 때문에 별 어려움이 없지만, 감성형은 유난스럽지 않은 적정한 감정선을 지켜야 하기 때문에 더 신경 써야 합니다.
감성형은 아무래도 풍경 같은 감각적인 사진에 쓰이는데, <u>사진들과 함께 쓰이는 말은 특히 더 중요합니다. 어떤 말을 적느냐에 따라 사진의 느낌이 달라지기 때문이죠.</u> 아래 두 가지 예시를 볼게요.

① 의미 해설

행복은, 거창한 데서 오지 않는다.

따뜻한 햇살 아래 고양이 두 마리가 사랑스럽게 놀고 있네요. 위의 사진을 보며 '행복'이란 제시어를 떠올릴 수 있습니다. 그럼 다음 전하고 싶은 메시지를 정해 보세요.

오늘이 지나면 기억나지 않을 사소한 장난을 치고 있는 고양이의 모습처럼 '사소한 순간들이 행복일 수 있다'는 메시지를 전하고 싶습니다. 어쩌면 스쳐 지나가는 행복을 놓치고 있는지도 모른다는 생각으로 [행복은, 거창한 데서 오지 않는다.]는 문구를 써 보는 거예요.
꿈보다 해몽이라는 속담을 들어 봤죠? 사진은 내가 해석하기 나름입니다. 사진을 보고 한 가지를 주제 삼아 한두 줄 내의 짧은 글을 써 보세요.

② 상상 해설
상상 해설이란 말 그대로 사진 속 상황을 나의 상상력으로 새롭게 탄생시키는 겁니다. 위에서 배웠던 스토리텔링, 의인화, 주어 또는 서술어의 변화가 여기서도 적용된답니다. 아래 예시를 볼게요.

맑은 정오 아래, '감'의 태닝. 곧 홍시가 된다고.

옥상에서 감을 말리고 있는 사진입니다. 맑은 하늘 사이로 푸른 바다도 보이네요. 사진 속 실제 시간은 해가 서서히 지고 있는 오후 4시입니다. 그러나 사진만 봐서는 정확한 시간을 알 수 없죠. 그래서 '정오'라는 배경을 더했더니 하늘이 이제 막 푸르러진 느낌이 드네요. 또 홍시를 말리는 과정을 '감의 태닝'이라고 표현하니 그저 예쁜 사진이 재미있는 사진으로 변했죠? 오후 4시를 정오로 스토리텔링하고, 감을 의인화해서 사진에 재미를 더한 겁니다.

<u>내가 찍은 사진을 '작품'이라고 생각하고, 나는 '작품 해설'을 한다고 생각해 보세요!</u> 사진은 말을 하지 않으므로 내가 해석하는 대로 사진의 느낌이 달라질 수 있다니! 정말 재미있죠?

# 글은 우리 주변을 늘 맴돌고 있다

사실 글 쓰는 일만큼 노력이 쉬운 일도 없습니다. 흰 종이와 펜 하나면 어디서든 할 수 있는 게 바로 글쓰기잖아요? 거기다 일기, 편지, 자기소개서, 기사 등 글은 은근히 우리 주변을 늘 맴돌고 있답니다. 따지고 보면 그렇게 낯선 분야도 아닌 거죠! 그런데도 우리는 왜 글 쓰는 일을 이토록 어려워할까요?

요즘 현대인들은 너무 치여 살기 때문에 자신의 인생을 돌아볼 시간을 갖지 않습니다. 글을 쓴다는 건 자신을 적나라하게 드러내고, 생각을 들춰 봐야 하는 일이죠. 그런데 내면을 통찰할 시간을 갖질 않으니 자신의 마음조차 모를뿐더러 생각을 글로 꺼내긴 더욱 힘든 겁니다. 이런 훈련이 익숙하지 않은 보통 사람들은 내면을 알아가는 과정에서 깨닫는 부끄러운 모습들은 회피하기 바쁩니다. 글을 시작해 보지도 못 하고 백지에 점만 찍다가 펜을 놓아 버리는 거죠.
내면을 자세히 들여다보세요. 그리고 나의 내면을 있는 그대로 받아들이고 사랑하세요. 인간은 부족하기에 채워가는 아름다움이 있다고 하잖아요. 부끄러워하던 것들은 사실 부끄러움이 아니라 감싸 주어야 할 대상인지도 모릅니다. 글쓰기는 그 치유의 과정이 될 수도 있고요. 조금 더 욕심을 내자면, 이 책을 읽은 독자 분들이 글 쓰는 과정을 단순히 '글쓰기'로만 바라보지 않았으면 하는 바람입니다.

노력 없는 대가는 없잖아요. 익숙한 분야에 괜한 두려움은 갖지 마세요. 부끄러움은 회피하지 말고 내면을 들여다보는 훈련을 하세요. 용기를 가져요. 제가 마지막으로 하고 싶은 당부입니다. 당부가 제법 거창하게 들리나요? "나중에 크면 지금 하는 말이 무슨 뜻인지 다 알게 될 거야."라던 옛 어른들의 말씀이 떠오르네요. 끈기를 가지고 노력하는 사람은 지금 하는 당부가 훗날 크게 와닿지 않을까요?

책을 집필하면서 글쓰기 과외선생님이 된 듯한 기분이 들어서 참 행복했답니다. 아직은 낯선 글쓰기 방법을 최대한 쉽고 재미있게 전달하는 걸 목표로 했고요. 책을 덮었을 땐 글쓰기가 좀 더 친근하게 느껴지길 바라며, 더 나아가 글쓰기로 인한 내면의 작은 변화가 있었길 바라며, 이 책을 마치겠습니다.

끝으로 어려운 출판 환경 속에서도 이 글을 출판해 주신 더디퍼런스 조상현 대표님과 기획과 다지안으로 생명력을 불어넣어주신 관계자 여러분께 진심으로 감사한 마음을 전합니다. 마지막으로 제가 글을 쓸 수 있도록 늘 곁에서 당근과 채찍을 주시는 아버지, 어머니 항상 감사합니다. 평생 사랑합니다.